《古事记》中"伊耶那岐命"、"伊耶那美命"的几个神话的考察

唐更强 著

中国出版集团

世界图书出版公司

广州·上海·西安·北京

图书在版编目（CIP）数据

以日本《古事记》中"伊耶那岐命"、"伊耶那美命"
为中心的几个神话的考察／唐更强著. —广州：世界
图书出版广东有限公司，2025.1重印
　　ISBN 978-7-5192-1841-6

　Ⅰ. ①以…　Ⅱ. ①唐…　Ⅲ. ①神话 – 研究 – 日本
Ⅳ. ①B932. 313

中国版本图书馆 CIP 数据核字（2016）第 207033 号

以日本《古事记》中"伊耶那岐命"、"伊耶那美命"为中心的几个神话的考察

责任编辑：程　静
出版发行：世界图书出版广东有限公司
　　　　　　（地址：广州市新港西路大江冲 25 号　邮编：510300
　　　　　　网址：http://www.gdst.com.cn　E-mail：pub@gdst.com.cn）
经　　销：各地新华书店
印　　刷：悦读天下（山东）印务有限公司
版　　次：2016 年 9 月第 1 版
印　　次：2025 年 1 月第 3 次印刷
开　　本：880mm×1230mm　1/32
字　　数：125 千
印　　张：5.25
ISBN　978-7-5192-1841-6/K·0314
定　　价：38.00 元

序

　唐更強さんが、私の研究室の扉を叩いたのは、九年前のことだった。長崎の日本語学校の教師である張美玉先生が、優秀な教え子だから、是非、勝俣先生の許でご指導を受け、大学院を受験させたいからよろしくお願いしますというお話だった。にこにこして温厚で実直そうな人柄を感じ、受け入れることに躊躇はしなかった。実際、研究生として受け入れてみると、実によく勉強して、めきめきと力を付けていた。一年後には、長崎大学大学院教育学研究科修士課程にも無事に進学し、日本神話の研究を始めた。修士論文は伊耶那岐神・伊耶那美神の結婚で最初に生れたヒルコについてのものだった。これは、その成果を認められ、長崎大学国語国文学会の『国語と教育』に掲載された。さらに、本博士論文の一章となっている。

　さらに、修士課程の修了後は、博士課程進学を希望したので、私が実質的指導を行うということで、長崎大学生産科学研究科に進学した。博士課程では、私以外に、佐久間正先生・連清吉先生・戸田清先生などの御指導も受けた。唐さんは、博士課程でも、研究に邁進し、次々と論文をものしていた。博士課程では、試行錯誤の上、数字の持つ象徴的意味合いに新たに関心を持ち、中国の古代文献の読解から、個別の数字について、それぞれの数字の持つ象徴的意味合いと神話の関係を考察した。本博士論文のほとんどは、その数字の象徴的意味合いに関する論考である。古事記の研究で、今までも数字について、勿論研究は行われてきたが、その象徴的意味に特に注目している研究は少なかった。その意味で、唐さんが、古事記の数字について行った象徴的意味の考察は、古事記研究のありかた、日中比較神話の方法に一石を投じたことになろう。

　勿論、唐さんはまだ四十歳台で春秋に富んでいる。さらに研鑽していく必要もあろう。今回の出版が、唐さんの神話研究の基礎となって、今後、益々進展していくことを祈願する。

　また、大学院の修士課程の時代から、唐さんの研究を影で支えた御令室、周瑾さんの存在の大きさを考えない訳にはいかない。修士論文作成時に、印刷室で、唐さんと周さんが懸命に印刷に力を併せていた光景が目に焼き付いている。これからも、周さんに支えられながら、研究者として、唐さんの研究が、順調には発展することを祈念して、擱筆する。

日本国長崎大学教育学部教授　勝俣　隆

2016 年 6 月 30 日

前　言

　　拙作基本基于笔者的博士论文翻译而成，因为时间仓促以及一些其他原因，在不影响论证的前提下，适当地进行了一些修正和删减。另外，关于拙作的内容，有几点想稍作说明。

　　第一，为了使读者能够了解到确切的神话内容或便于讨论，本文在引用日本《古事记》或《日本书纪》的内容时，引用了原文（包含"训点"）或"汉文训读文"，然后按论证需要附译文。

　　第二，如文中未注明出处的话，所引《古事记》内容的文本皆出自小学馆出版的山口佳纪、神野志隆光两位先生校注及翻译的新编日本古典文学全集中的《古事记》，所引《日本书纪》的内容皆出自小学馆出版的小岛宪之、直木孝次郎、西宫一民、藏中进、毛利正守五位先生译注的新编日本古典文学全集中的《日本书纪》。

　　第三，本文中引用国外学者的论述都为笔者翻译自其作品的日文版。

　　第四，日本古代文献中的神名或地名往往会使用万叶假名或万叶假名和训读的汉字混合在一起来表记，为了使读者能更确切地了解其含义，在文中引用到神名以及地名时（在表示某个神话故事的主题时，直接使用了简体译名），笔者使用了日本汉字的原字表记并在其后附上简体字译名，当神名的原字表记同中文简体字一致时，不再在其后附上中文简体字译名。无法改写成中文简体字的神名或地名等的日语表记则留用了日文原字。

第五，本文的考察以"伊耶那岐命""伊耶那美命"两神为中心，而关于这两神的神名，在先行研究中有不同的表记方式，为了行文的方便，在拙作中统一表记为"伊耶那岐命"和"伊耶那美命"。

第六，在第一章考察讨论"蛭子"时，笔者使用了"蛭子（ヒルコ）"这样的表记方式，那是因为"蛭子"的发音是讨论的重点之一，所以根据日语标注发音的表记习惯，在汉字之后附上了片假名的注音。

此次翻译，由于时间关系，译文未能做到十分流畅，希望在将来能有所修正。如果将来有机会的话，也希望能增补一些内容。笔者是刚刚踏入研究行列的新手，在研究方法和研究的深度、广度方面一定有很多的不足，拙作中的不足与疏漏之处还请各位方家多多指正。本次拙作能得以在所定的期限内完稿，要感谢妻子周瑾，她在注的录入、文字校对等方面给予了我很多帮助和支持。

笔者

2016 年 6 月 29 日

目 录

序 章

一、研究目的

　　中日两国人民在历史上的交往源远流长。两国的文化既有融合也有摩擦。笔者才识浅薄，虽然清楚地知道文化上的相互理解是一件十分困难的事情，但还是无法抑制对古人的心像、对人的思维方式的探求之心。而从属于文化的神话、民俗则可以说是一面镜子，能够照映出人们深藏着的心像。我觉得研究神话是加深中日文化理解的一个很好的途径。相互间的交流和理解是中日携手发展的基石。通过两国间的神话和民俗的比较研究，哪怕在了解两国人民心像的异同的道路上能稍稍前进一步，能为中日交流略献微力也是件十分令人高兴的事情。

　　在中国古代，说到考察事物、认识事物的方法，就要从《易经》去了解了。在《易经》的"系辞上"中说道："易有圣人之道四焉。以言者尚其辞，以动者尚其变，以制器者尚其象，以卜筮者尚其占。"① 从这句话我们可以知道,"辞、变、象、占"可以理解为是一个事物的四个不同侧面的显现。关于《易经》所展示的思想,古来首先有"象"、"数"之争,而后又有"理"、"气"之说。借用程颐、朱熹的"体用一源"的观点,"形而上者谓之道、形而下者谓之器"。之"道"与"器"本来就是无法分离的东西。我们可以把一个事物的"象"和与其相关的"数"看成它的属性的不同侧面。

在"系辞上",还有这样一句话"参伍以变、错综其数、通其变、遂成天下之文。极其数、遂定天下之象。"② 从这里我们了解到数字并非单单是运用于计算的形而上的观念上的数字,也与具有形而下的实体所相关的各个侧面紧密相连。

在中国的古代文献中,数字"一"到"十二",或者与这十二个数字相关的构造比比皆是。我们认为这十二个数字中的每一个都具有特殊的象征意义。古代中国人依靠这些数字或使用数字相关的构造来认识和描述这个世界。数字和其相关构造在中国古代的神话、传说、民俗、哲学、艺术、政治、医学、兵学等等,几乎在所有的领域里都能见到它们的身影。

而在日本,在满溢着日本神话的《古事记》中,作为表示实际数量的数字,亦或作为构造出现的记载也不在少数。如果能够明白这些数字或其相关构造的意义的话,那么对神话的解释不是会起到很大的作用吗?笔者作为一个对日本文学和语言有兴趣的中国人,利用多少懂得中日两国语言的小小优势,对中国古代文献,主要是先秦及两汉的文献中的数字以及数字相关构造的意义

① 朱熹:《周易本义》(朱子全书)[M],上海古籍出版社,2002 年:131 页。
② 朱熹:《周易本义》(朱子全书)[M],上海古籍出版社,2002 年:132 页。

与机能进行了较为详细的考察，在此基础上，打算和《古事记》
中与数字或数字相关构造有关的神话做一个比较研究。在拙作中
主要论及的是从《古事记》起首记载的神话开始直到"伊耶那岐
命"的"禊祓"神话之前的部分。这一系列神话是天地初现、
"伊耶那岐命"和"伊耶那美命"二神的诞生、此二神的国土创
生神话、此二神的神灵创生神话、"伊耶那美命"的死、黄泉国
神话等具有紧密内在联系的神话群，是构成《古事记》起头部分
的重要神话群。因为这一系列神话所描述的场景中多处出现数字
以及数字构造，所以笔者认为对于达成本研究的目的而言，这些
神话是十分合适的考察对象。当然关于前面提到的"伊耶那岐
命"、"伊耶那美命"两神相关的一系列神话，如果只是对其中的
数字或数字构造进行考察研究就想很好的解释它们的含义，那是
不够的。因此，笔者也考察了中国古代文献中的关于植物"苇"、
"桃"等的象征意义，作为数字或数字构造比较研究的辅助手段，
来解释说明其中部分神话的含义。简而言之拙作尝试着对以"伊
耶那岐命"、"伊耶那美命"两神为中心的一系列神话的含义进行
解释说明。

二、研究背景

　　"神话"这个词在中国原先是没有的。在中国首先详述"神
话"这个词的含义的是留日学者蒋智由先生，他在梁启超先生创

刊的《新民丛报·谈丛》36号《神话历史养成之人物》[①]一文中谈及了"神话"之意。"神话"这个词可以说是从日本借来的词语。鲁迅先生在的《中国小说史略》（1923.12，1924.6）的第二篇[②]以及《中国小说的历史的变迁》（1925.3）的第一讲[③]中谈及了神话。并且在《汉文学史纲要》（1926）[④]中列举了很多神话的例子。比如，《诗经》的"玄鸟"、《庄子》的"混沌"、《离骚》的"天问"的一部分、司马相如的《大人赋》等等。鲁迅先生的这三本著书可以认为是中国现代神话研究的开端。

其后，作为神话研究的中国人中的大家，我们可以看到如茅盾先生、闻一多先生、顾颉刚先生、袁珂先生等学者。在中国本土的神话研究史上，茅盾先生是打下基石之人，而闻一多先生是重要的开拓者。顾颉刚先生留下了著名的《古史辨》。袁珂先生除《山海经》的校注之外，在中国神话的研究和神话学的基础研究上也留下了丰厚的业绩。除此之外，另有吕思勉先生、黄芝岗先生、徐旭生先生、苏雪林先生、芮逸夫先生、郑振铎先生、江绍原先生、谢六逸先生、楚图南先生、卫聚贤先生、高亨先生、丁山先生、杨堃先生、林惠祥先生、凌纯声先生、程憬先生、钟敬文先生、常任侠先生、马长寿先生、陈梦家先生、孙作云先生、岑家悟先生、马学良先生、杨宽先生、饶宗颐先生、陶阳先生、张光直先生、潜明兹先生、刘城淮先生、萧兵先生、马昌仪先生、王孝廉先生、何新先生、邓启耀先生、叶舒宪先生、陈炳

① 蒋智由：《神话历史养成之人物》[J]，《新民丛报·谈丛》，1903年，第36号：37－42页。
② 鲁迅：《鲁迅全集》第九卷 [M]，人民文学出版社，2005年：19－28页。
③ 鲁迅：《鲁迅全集》第九卷 [M]，人民文学出版社，2005年：311－316页。
④ 鲁迅：《鲁迅全集》第九卷 [M]，人民文学出版社，2005年：351－442页。

良先生等前辈学者。具有独自研究视点的学者人才辈出，如果把所有的学者之名在这里都列举出来的话，实在是过于繁琐。请原谅笔者只能少量地举一下具有代表性的神话研究者的名字，如有遗漏，那也是笔者学力不足。

各位神话研究的方家从自己的专业学问出发对中国神话进行了深入研究。比方说，从民族学、民俗学、人类学出发研究神话的有黄芝岗先生、芮逸夫先生、江绍原先生、杨堃先生、林惠祥先生、凌纯声先生、钟敬文先生、马长寿先生等等学者。从历史学出发，用"疑古"的视点来研究中国神话的有顾颉刚先生、杨宽先生等等。从历史学、考古学、古代文字学出发的有吕思勉先生、徐旭生先生、卫聚贤先生、高亨先生、丁山先生、程憬先生、陈梦家先生、张光直先生等等。从美术学出发的中国神话研究者，我们可以看到常任侠先生、孙作云先生、岑家悟先生等学者，孙作云先生在壁画、画像、纹饰的研究上，岑家悟先生在图腾研究上留下了诸多业绩。另外，还有专注于某一个领域研究中国神话的，比如楚图南先生在西南民族神话的研究上、马学良先生利用语言学的专门知识在彝族神话的研究上都有着出色的业绩。苏雪林先生、萧兵先生是楚辞神话研究的专家。从文学的视点出发，郑振铎先生、谢六逸先生、王孝廉先生、叶舒宪先生、陈炳良先生的研究实绩也很可观。

王孝廉先生在中国神话研究方面，特别是中日神话研究的交流上有着很大的贡献。首先，在中日神话研究的交流方面，王孝廉先生翻译了森安太郎先生的《中国古代神话研究》以及白川静先生的《中国神话》。在他的著书《中国的神话与传说》附录中的"日本学者的中国古代神话研究"一文里，把日本东京大学的中国古代神话研究和日本京都大学的中国古代神话研究的学者们分开叙述。从白鸟库吉先生开始，把津田左右吉先生、白鸟清先生、星川清孝先生、加藤常贤先生、小川琢治先生、神田喜一郎先生、铃木虎雄先生、青木正儿先生、稻叶岩吉先生、森鹿三先生、吉川幸次郎先生、小川环树先生、藤田丰先生、内藤虎次郎先生、贝冢茂树先生、林已奈夫先生、出石诚彦先生、森三树三郎先生、森安太郎先生、御手洗胜先生等研究中国神话的方家给介绍给了一番，较为清楚地指出了上述著名学者的著述和研究方向。这篇文章对于中国神话的学习和研究者来说是十分重要的参考资料。

其次，关于王孝廉先生的中国神话研究方面，在中国大陆可以见到《关于石头的古代信仰与神话》、《中国神话研究的兴起——从古史到神话》、《从古史到神话——顾颉刚的思想形成、神话研究以及和富永仲基加上说的比较》、《黄河之水——河神的原像及信仰传承》、《乱神蚩尤与枫木信仰》、《中国西南创世神话研究》等论文之外，还有著书《花与花神》、《水与水神》、《岭云关雪——民族神话学论集》。另外，虽然《中国的神话与传说》和《东北、西南族群及其创世神话——中国的神话世界》在中国台湾出版，但在中国大陆也已经能拜读到了。

在笔者所关心的数字象征意义的研究方面，王孝廉先生的研究也具有很好的参考作用。如果给出一些例子的话，比如在其著书《中国西南创世神话研究》的"匏神话和民俗神话"一节中，在引用《礼记》的"器用陶匏、以象天地之性也。"一句时，说道："古代人以匏为天地的象征。……破匏为二，是象征由混沌而分天地、而有阴阳，而有男女，而有夫妇。"① 在这里它提示了数字"二"的象征意义。在其著书《水与水神》中，讲到了《论衡》中的女娲补天的神话。雨过天晴，彩虹出现在天际。中国的古人为了解释彩虹生成的原因，创造了女娲用五色石补天的神话，而五色石就象征着彩虹②。五色当然是和数字的五具有一定的关联性。在这里他提出了前人所没有提及的关于五色的一种象征意义。在其《中国的神话与传说》一书中，他用"原始、历劫、回归"③ 的观点解释了中国的爱情神话与传说。这三段式的观点给了笔者很大的启示，这种三段式构造也可以说是与数字三有关的。在论及《红楼梦》的"顽石"时，他提及女娲补天时炼就的三万六千五百零一块石头，每块高十二丈，方二十四丈这些相关数字时，说道这里的"十二"代表了十二个月，"二十四"代表了二十四节气，而除去未用于补天的那一块"顽石"外，"三万六千五百"象征着一年的日数三百六十五。④ 这正是试图用数字的象征意义来解释说明神话传说的含义。在论及"七夕"时，关于中国的奇数，他说道："在中国古代的历法上，奇数原是代表了某些神秘的思想。一月一日当然是一元之始，三月三日是曲水之宴，五月五日是端午，九月九日是重阳，唯一例外的是十一月十一日。那么七月七日在古代以奇数为神秘的思想里自然也应当含有特别的意义的，何况七月七日是奇数中的奇数（所谓奇数中的奇数这一说法，其在脚注中说，是因为在一年之中有三

---

① 王孝廉：《中国西南创世神话研究》，《中国神话学文论选萃》（下编）［M］，中国广播电视出版社，1994 年：437 页。

② 王孝廉：《水与水神》［M］，学苑出版社，1995 年：5 页。

③ 王孝廉：《中国的神话与传说》［M］，联经出版事业公司，1997 年：75 页。

④ 王孝廉：《中国的神话与传说》［M］，联经出版事业公司，1997 年：83 页。

月三日的倍数是六月六日，一月一日的倍数是二月二日，五月五日的倍数是十月十日，而七月七日以后的没有倍数现象。）七月七日在古代所代表的意义现在已经不明白了，只是在一些零星的记录中，还可以知道七在古代人的思想里是天地四时人的开始，又是和天有关的阳数。"① 这里谈到了数字七的象征含义。今后，也想尽量地拜读一下迄今尚未考察过的王孝廉先生的论著。

在中国神话研究史上，一个重要的学派不得不引起注意。那就是以顾颉刚先生、杨宽先生两学者为中心，站在"疑古"的立场上研究神话的学派。顾颉刚先生建立起了"疑古"的学说。关于"疑古"的观点，顾颉刚先生是这样说的："我就建立了一个假设：古史是层累地造成的，发生的次序和排列的系统恰是一个反背。"② 关于用"疑古"的观点去考察中国古代神话传说，顾颉刚先生这样陈述道："我是想做一篇层累地造成的中国古史，把传说中的古史的经历详细一说。这有三个意思。第一，可以说明'时代愈后，传说的古史期愈长'……第二，可以说明'时代愈后，传说中的中心人物愈放愈大'……第三，我们在这上，即不能知道某一件事的真确的状况，但可以知道某一件事在传说中的最早状况。"③ 质疑古代历史的记载，辨别它的真伪，对古代历史记载追本溯源。顾颉刚先生的研究使得辨清古史与神话的混淆、人与神的混同工作走出了第一步。他对中国神话研究的另一项重要功绩是提出了神话的"人化"和神话的"历史化"的问

① 王孝廉：《中国的神话与传说》[M]，联经出版事业公司，1997 年：199 - 200 页。
② 顾颉刚：《自序》，《古史辨》第 1 册上编 [M]，上海古籍出版社，1982 年：52 页。
③ 顾颉刚：《与钱玄同先生论古史书》，《古史辨》第 1 册中编 [M]，上海古籍出版社，1982 年：60 页。

题，在相当的程度上合理地论述了神话的含义。关于神话的"人化"，他是这样论述他极为重视的"禹"的："当时神人的界限不甚分清，禹又与周族的祖先并称，故禹的传说渐渐倾向于'人王'方面，而与神话脱离。"① 关于神话的"历史化"，他对于古人，特别是战国与秦汉间的古人的造伪问题，这样描述道："战国秦汉之间，造成了两个大偶像：种族的偶像是黄帝，疆域的偶像是禹。"②

　　接受了顾颉刚先生的学说的杨宽先生在其《中国上古史导论》中，提出了"古史传说之来源，本多由于殷周东西二系民族神话之分化与融合"③ 的观点。童书业先生在《古史辨》第七册的"自序二"中，对于杨宽先生的"分化说"和顾颉刚先生的"累层说"的关系，这样陈述道："大约演化出现愈后的人物，他们的地位也就愈高愈古，这便产生了'累层的造成'的现象，所以有分化说，'累层地造成的中国古史观'的真实性便越发显著：分化说是累层说的因累层说则是分化说的果。"④ 杨宽先生和童书业先生等发展了关于顾颉刚的神话研究的观点。对于以顾颉刚先生、杨宽先生的学术观点为中心的研究神话的学者们，王孝廉先

---

① 顾颉刚：《讨论古史答刘胡二先生》，《古史辨》第1册中编 [M]，上海古籍出版社，1982年：114页。
② 顾颉刚：《战国秦汉间人的造伪与弁伪》，《古史辨》第7册上编 [M]，上海古籍出版社，1982年：23页。
③ 杨宽：《中国上古史导论自序》，《古史辨》第7册上编 [M]，上海古籍出版社，1982年：113页。
④ 童书业：《自序二》，《古史辨》第7册上编 [M]，上海古籍出版社，1982年：6页。

生评价他们是："神话研究的开拓者。"①

　　为了辨别神话和历史的关系，在《古史辨》第七册中，提及和分析了存在于中国古典文献中的大量的神话传说，对于神话研究者来说无疑具有很高的参考价值。这对于现代的中国神话的研究而言是不能欠缺的一种存在。对于拙作中，笔者所关心的数字的构造、数字的象征意义的考察而言，《古史辨》中的许多见解也深具参考意义。

　　比如，在顾颉刚先生的《战国秦汉间人的造伪与辨伪》一文中，他以"五行三统"之说来论中国古代的社会制度。虽说作者并未以构造的观点来论述，但从笔者所关心的视点而言还是值得参考的。在杨宽先生的《三皇传说之起源及其演变》一文中，论及"三一"这个词中的数字"三"时，说其表示了"天、地、人"亦或"天、地、道"的含义②。在《古史辨》第七册中，数字被最多提及的地方是在中篇。在中篇中，学者们主要以"三皇五帝"为中心论述。在笔者看来，显然和数字"三"、"五"的构造具有关联。在吕思勉先生的《古史纪年考》中，可以见到大量的数字，这些数字与中国的天文学紧密相关，几乎都具有一定的特殊意义。在那篇文章里，也提到了数字"三"含有"天、地、人"的意思③。在顾颉刚先生和杨向奎先生两位学者的论著《三皇考》中，论及"三统"时，提到了这里的"三"和颜色的关系④。更提及了在汉刘歆之后，数字"三五"构造相关的颜色

---

① 王孝廉：《中国的神话世界》下篇《中原民族的神话与信仰》，台北时报文化出版企业有限公司，1992年：325页。
② 顾颉刚等：《古史辨》第7册上编 [M]，上海古籍出版社，1982年：181页。
③ 顾颉刚等：《古史辨》第7册中编 [M]，上海古籍出版社，1982年：25页。
④ 顾颉刚等：《古史辨》第7册中编 [M]，上海古籍出版社，1982年：114页。

的配置。在"道教中的三皇"和"道教中太一的地位"两节中，论及了很多的道教文献，而关于在这些道教文献中随处可见的数字的意义，笔者认为也应是今后该好好考察的对象。在"太一下行九宫和太一的分化"一节中，作者列示了一张"九宫"图表①。如下图所示②：

九	八	七	六	五	四	三	二	一	宮数
南	東北	西	西北	中	東南	東	西南	北	方隅
天一	太陰	咸池	青龍	天符	招搖	軒轅	攝提	太一	神
天英	天任	天柱	天心	天禽	天輔	天衝	天内	天蓬	星
離	艮	兌	乾	離	巽	震	坤	坎	卦
火	土	金	金	土	木	木	土	水	行
紫	白	赤	白	黄	綠	碧	黑	白	色
離二	土三，白三	金二	金一，白二	離一，土二	木二	木一	土一	白一	付記

① 按原文记载：据会昌元年检校尚书左仆射王起等奏议，九宫贵神的位列星座是依据黄帝九宫经和五行大义的，立表如下。
② 顾颉刚等：《古史辨》第 7 册中编［M］，上海古籍出版社，1982 年：194 页。

由这张表我们可以看到，数字从"一"至"九"分别同方隅、神、星、卦象、五行、色彩对应，完全可以把它看成一个数字的象征系统。《古史辨》第七册对笔者的研究而言确实具有相当的参考价值。

在神话传说研究方面，有着基于各种各样专业知识的研究。一个人要通晓所有这些研究显然力有不逮。所以在下文中，从笔者关心的研究视点出发，把中国、日本的研究分开，来简述各自的神话研究史。

首先从比较研究的视点来看。在中国学者的神话研究方面，有利用中国本土的古代文献进行历时或通时的考察比较；有汉民族聚居地的地域性神话间的比较研究；有少数民族聚居地的地域性神话间的比较研究；有汉民族和少数民族的神话间的比较研究；有不同国家间的神话的比较研究等等。研究者们除了以文献研究为中心之外，还有田野研究。芮逸夫先生和凌纯声先生就是田野研究的著名学者。无论是以文献为中心的考察研究亦或以田野为中心的考察研究，比较研究法可以说是一个基本的研究方法。在研究者们利用各自具备的专业知识对神话进行研究之际，多少都会利用比较研究法。

在中国，说到国际间的或地域间的神话的比较研究学者，首先就是茅盾先生（即玄珠、沈雁冰）。茅盾先生通过人类学来把希腊、北欧神话和中国神话做比较研究①。而萧兵先生多见环太平洋地域的神话和中国神话的比较研究②。程憬先生的《中国的

---

① 参见玄珠：《中国神话研究 ABC》[M]，世界书局，1929 年。
② 参见萧兵：《楚辞与神话》[M]，江苏古籍出版社，1987 年；《中国文化的精英——太阳英雄神话比较研究》[M]，上海文艺出版社，1989 年。

羿与希腊的赫克利斯》①　也是希腊神话和中国神话的比较研究著作。刘敦励先生的《古代中国与中美马耶人的祀雨与雨神崇拜》②是中美玛雅族的神话和中国神话的比较研究著作。饶宗颐先生的《印度多首神与共工》③　是印度神话同中国神话的比较研究著作。在叶舒宪先生的《中国神话哲学》④　中，可以见到希腊、北欧、印度、美洲印第安的诸多神话例子。在王孝廉先生的《中国的神话与传说》⑤　中，可以见到希腊、亚马逊的神话。在他的《中国的神话世界》⑥　中，可以看到希腊、北欧、朝鲜的神话，还有《旧约圣经》中的神话传说。以上只是极其简单地列举了少许关于中国神话比较研究的论著。

　　另外，我们也可以看到一些研究中国神话的日本学者的译作。比如，有小川琢治先生的《山海经考》⑦、伊藤清司先生的《山海经中的鬼神世界》⑧、森安太郎先生的《中国古代神话研

①　参见程憬：《中国的羿与希腊的赫克利斯》［J］，《安大季刊》，1936 年，1 卷3 期。
②　参见刘敦励：《古代中国与中美马耶人的祀雨与雨神崇拜》［J］，《民族学研究所集刊》，1957 年，第 4 集。
③　饶宗颐：《澄心论萃》［M］，上海文艺出版社，1996 年：280 - 281 页。
④　参见叶舒宪：《中国神话哲学》［M］，中国社会科学出版社，1992 年。
⑤　参见王孝廉：《中国的神话与传说》［M］，联经出版事业公司，1977 年。
⑥　参见王孝廉：《中国的神话世界》［M］，台北时报文化出版企业有限公司，1987 年。
⑦　参见小川琢治，《山海经考》［M］，江侠庵，编译，国家图书馆出版社，2010 年。
⑧　参见伊藤清司：《山海经中的鬼神世界》［M］，刘晔原，译，中国民间文艺出版社，1990 年。

究》①、谷野典之先生的《女娲伏羲神话系统考》②、大林太良先
生的《神话学入门》③、小南一郎先生的《壶形的宇宙》④、《中国
的神话传说与古小说》⑤、森雅子先生的《西王母原型》⑥ 等等。
但是在中国，迄今为止中日神话的比较研究不能说没有，但不能
说多见。中国学者们的中日神话比较研究大约从二十年前开始。
比如说，有何新先生的《扶桑神话与日本民族起源——山海经中
远古神话的新发现》⑦、徐鸿图先生和张爱萍先生的《从禹祭到泥
祭——中日洪水神话比较》⑧、李子贤先生的《被固定了的神话与
存活着的神话——日本记纪神话与中国云南少数民族神话之比
较》⑨、马昌仪先生的《明代中日山海经图比较——对日本怪奇鸟
兽图卷的初步考察》⑩、张爱萍先生的著书《中日古代文化源流

① 参见森安太郎：《黄帝的传说——中国古代神话研究》[M]，王孝廉，译，时报
出版公司，1988 年。

② 参见谷野典之：《女娲、伏羲神话系统考》[J]，沉默，译，《南宁师院学报》，
1985 年，1、2 期。

③ 参见大林太郎：《神话学入门》[M]，林相泰等，译，中国民间文艺出版社，
1989 年。

④ 参见小南一郎：《壶形的宇宙》[J]，朱丹阳等，译，《北师大学报》，1991 年，
第 2 期。

⑤ 参见小南一郎：《中国的神话传说与古小说》[M]，孙昌武，译，中华书局，
2006 年。

⑥ 参见森雅子：《西王母原型》[J]，金佩华，译，《世界宗教资料》，1993 年，第
1 期。

⑦ 参见何新：《扶桑神话与日本民族起源——山海经中远古神话的新发现》[J]，
《学习与探索》，1989 年，第 4—5 期。

⑧ 参见徐鸿图、张爱萍：《从禹祭到泥祭——中日洪水神话比较》[J]，《民族艺
术》，1998 年，第 2 期。

⑨ 参见李子贤：《被固定了的神话与存活着的神话——日本"记纪神话"与中国云
南少数民族神话之比较》[J]，《云南民族学院学报》，2000 年，第 1 期。

⑩ 参见马昌仪：《明代中日山海经图比较——对日本"怪奇鸟兽图卷"的初步考察》
[J]，《中国历史文物》，2002 年，第 2 期。

——以神话比较研究为中心》①、那木吉拉（音译）先生的《阿勒泰语系民族和日本"不死水"神话比较研究》②、叶舒宪先生的《中日玉石神话比较研究——以记纪为中心》③ 等等。

下面让我们转向对象征意义的解明的研究视点上去。把"象征"作为解释和究明神话含义的钥匙也是一个重要的研究视点。在中国，以这样的视点来研究神话的论著并不少见。比如，有白庚胜先生的《东巴神话象征论》④、傅光宇先生和张福三先生的《创世神话中眼睛的象征与史前各文化阶段》⑤、萧兵先生的《鹿与鹿角的象征功能——兼论楚文物、萨满文化圈和南方铜鼓里的角鹿、麒麟和水鹿》⑥、柏贵喜先生的《神话中的宇宙图式与象征结构——土家族象征文化研究之二》⑦ 等等。以象征的视点进行神话研究的，特别多见于研究画像之时，这个视点可以认为是神话研究的基本视点，无论在中国还是日本，都是有相当数量的论著的，这里就不一一赘述了。

然后让我们转向利用构造的视点来研究神话的方面。在中

---

① 参见张爱萍：《中日古代文化源流——以神话比较研究为中心》[M]，浙江大学出版社，2005 年。

② 参见那木吉拉（音译）：《阿勒泰语系民族和日本"不死水"神话比较研究》[J]，《内蒙古师范大学学报》，2012 年，第 41 卷第 4 期。

③ 参见叶舒宪：《中日玉石神话比较研究——以"记纪"为中心》[J]，《民族艺术》，2013 年，第 5 期。

④ 参见白庚胜：《东巴神话象征论》[M]，云南人民出版社，1998 年。

⑤ 参见傅光宇、张福三：《创世神话中眼睛的象征与史前各文化阶段》[J]，《民族文学研究》，1985 年，1 期。

⑥ 参见萧兵：《鹿与鹿角的象征功能——兼论楚文物、萨满文化圈和南方铜鼓里的角鹿、麒麟和水鹿》[J]，《淮阴师专学报》，1994 年，第 16 卷第 1 期。

⑦ 参见柏贵喜：《神话中的宇宙图式与象征结构——土家族象征文化研究之二》[J]，《中南民族大学学报》，2007 年，第 27 卷第 1 期。

国，以构造分析的视点来研究神话，出现得并非很早。1981 年台湾学者李亦园先生发表了《寒食与介之推——一则中国古代神话与仪式的结构学研究》① 一文，我们可以认为是在中国以构造分析的视点来研究神话的起点。1987 年中国出版了克洛德·列维-斯特劳斯（Claude Lévi-Strauss）的《野性的思维》② 的译作，1989 年他的《结构人类学》③ 的译作出版。大约那个时期以来，我们可以看到吕微先生的《论昆仑神话的二分世界》④、叶舒宪先生的著书《中国神话哲学》⑤、元文琪先生的著书《二元神论——古波斯宗教神话研究》⑥、李雷东先生的《先秦墨家的神话及其天命思想——从结构主义的视角看》⑦、向柏松先生的《中国创世神话深层结构分析》⑧ 等以构造的视点来研究神话的论著。2007 年作为克洛德·列维－斯特劳斯（Claude Lévi-Strauss）文集，他的《神话学》四卷本⑨的中文译作出版了。想必中国学者

① 参见李亦园：《一则中国古代神话与仪式的结构学研究》[J]，《国际汉学会议论文集》，1981 年。
② 参见克洛德·列维－斯特劳斯：《野性的思维》[M]，李幼蒸，译，商务印书馆，1987 年。
③ 参见克洛德·列维－斯特劳斯：《结构人类学》[M]，陈晓禾、黄锡光等，译，文化艺术出版社，1989 年。
④ 参见吕微：《论昆仑神话的二分世界》[J]，《民间文学论坛》，1989 年，第 2 期。
⑤ 参见叶舒宪：《中国神话哲学》[M]，中国社会科学出版社，1992 年。
⑥ 参见元文琪：《二元神论——古波斯宗教神话研究》[M]，中国社会科学出版社，1997 年。
⑦ 参见李雷东：《先秦墨家的神话及其天命思想——从结构主义的视角看》[J]，《求索》，2009 年，7 月号。
⑧ 参见向柏松：《中国创世神话深层结构分析》[J]，《中南民族大学学报》，2011 年，第 31 卷第 4 期。
⑨ 参见克洛德·列维－斯特劳斯：《神话学》[M]，周昌忠，译，中国人民大学出版社，2007 年。

们对他的神话理论将会有更深的理解吧。

　　说到构造，我们可以看到有二分论，三分论等说法。对于笔者而言，这无疑是与数字有关的构造，它与数字的象征意义也应该有着关联。在中国，考察数字的象征意义的论著并非没有，但一定说不上多见。在著书方面，我们可以看到有傅光宇先生的《三元——中国神话结构》①、叶舒宪先生和田大宪先生的《中国古代神秘数字》②、郑志明先生的《想象：图像、文字、数字、故事——中国神话与仪式》③、王礼强先生的《仁源论与仁源易经》④ 等等。在论文方面，我们可以看到有钟年先生的《数字七发微》⑤、朝格查（音译）先生的《论满族神话中数字三的含义》⑥、黄秦安先生的《论中国古代数学的神秘文化色彩》⑦等等。

　　而日本的神话研究，可以说是从室町时代中期的一条兼良氏开始的，而正式可称为神话研究的是从江户时代的国学者本居宣长氏的《古事记传》开始的，而后的继承是平田笃胤氏的研究。

　　到了明治时代，由于西洋的新学问的流入，新的研究视点不断显现。从明治时代到如今，能看到神话学、人类学、历史学、

① 参见傅光宇：《三元——中国神话结构》[M]，云南大学出版社，1993 年。
② 参见叶舒宪、田大宪：《中国古代神秘数字》[M]，社会科学文献出版社，1998 年。
③ 参见郑志明：《想象：图像·文字·数字·故事——中国神话与仪式》[M]，贵州人民出版社，2010 年。
④ 参见王礼强：《仁源论与仁源易经》[M]，东南大学出版社，2014 年。
⑤ 参见钟年：《数字七发微》[J]，《中南民族学院学报》，1994 年，第 4 期。
⑥ 参见朝格查（音译）：《论满族神话中数字三的含义》[J]，《满语研究》，1999 年，第 2 期。
⑦ 参见黄秦安：《论中国古代数学的神秘文化色彩》[J]，《陕西师范大学学报》，1999 年，第 28 卷第 3 期。

文献学、民族学、民俗学、精神分析学、宗教学、文学、考古学等各种各样的研究视点。作为初学者的笔者而言，是没有这样的能力遍览如此浩瀚的神话研究著作的，单是涉猎其中的一小部分，已经花去了极多的精力。在指导老师胜侯隆先生、佐久间正先生、连清吉先生的悉心指导下，从自己在神话研究方面所关心的构造分析、象征意义的解明、中日比较的视点出发，考察了一部分先学的研究著作。

　　松村武雄先生的大作《日本神话的研究》第一卷中说道："神话的考察究明，到底是'比较'的问题。"① 中国与日本在文化上的交流的历史可以说十分悠久了。因此，作为一个中国人很想把中国古代文献中记载的神话、民俗、哲学思想等等同日本神话作一番比较研究。在日本的神话研究史上，说比较研究是其主要的流派之一并不为过。在较早的时期，就有高木敏雄先生应用了国际间或地域间的神话比较的方法②。在松村武雄先生的《日本神话的研究》中可以看到希腊神话与日本神话的比较研究③。松本信广先生把印度尼西亚和中国的神话同日本的神话作了比较研究④。冈正雄先生利用了诸多的地域性神话⑤。三品彰英先生的研究多见朝鲜半岛的神话与日本神话的比较⑥。西乡信纲先生通

①　松村武雄：《日本神话的研究》第一卷 [M]，培風館，1954年：452页。
②　参见高木敏雄：《日本神話伝説の研究》[M]，岡書院，1925年。
③　参见松村武雄：《日本神話の研究》[M]，培風館，1954 - 1958年。
④　参见松本信広：《日本の神話》[M]，至文堂，1966年；《日本神話の研究》[M]，平凡社，1971年。
⑤　参见岡正雄：(《太陽を射る話》、《皇室の神話——その二元性と種族の文化的系譜について》、《二つの建国神話》) 等，《異人その他——日本民族＝文化の源流と日本国家の形成》[M]，言叢社，1979年。
⑥　参见三品彰英：《三品彰英論文集》全6卷 [M]，平凡社，1998年。

过中国大陆系的文化来研究《古事记》的神话①。伊藤清司先生是中国文化的专家，除了关于中国神话传说的出色论著外，也多见中日神话的比较②。松前健先生并非用几个特定地域的神话和日本神话作比较研究，而是用相当广泛的、诸多地域的神话同日本神话进行了比较研究③。中西进先生著写了《日本的神话传说与中国》④一书。大林太良先生把希腊以及亚洲诸国的神话同日本神话作比较⑤。吉田敦彦先生以希腊神话为开端，更把印欧神话和日本神话进行了比较研究⑥。福岛秋穗先生也使用了包含中国、朝鲜半岛的诸多地域的神话同《古事记》《日本书纪》的神话作了比较研究⑦。胜俣隆先生在其著书《异乡访问谭、来访谭的研究》中，在中日神话比较研究上留下了丰厚业绩⑧。松村一男先生，则多见印欧神话与日本神话的比较研究的业绩⑨。

　　其次，在神话解释上，探寻神话的构造从而揭示神话的意义

---

① 参见西乡信纲：《古事記の世界》[M]，岩波书店，1967 年；《古事記研究》[M]，未来社，1973 年。

② 参见伊藤清司：《日本神話と中国神話》[M]，学生社，1979 年。

③ 参见松前健：《松前健著作集》[M]，おうふう，1997 - 1998 年。

④ 参见中西进：《日本の神話伝説と中国》[M]，大修館书店，1991 年。

⑤ 参见大林太良：《神話学入門》[M]，中央公論社，1966 年；《日本神話の構造》[M]，弘文堂，1975 年；《神話と神話学》[M]，大和书店，1975 年；《日本神話の起源》[M]，德間书店，1990 年。

⑥ 参见吉田敦彦：《日本神話の源流》[M]，講談社，2007 年；《ギリシヤ神話と日本神話：比較神話学の試み》[M]，みすず书房，1974 年；《日本神話と印欧神話：構造論的分析の試み》[M]，弘文堂，1974 年。

⑦ 参见福岛秋穗：《記紀神話伝説の研究》[M]，六興出版，1988 年。

⑧ 参见胜俣隆：《異郷訪問譚・来訪譚の研究》[M]，和泉书院，2009 年。

⑨ 参见松村一男：《女神の神話学処女母神の誕生》[M]，平凡社，1999 年；《神話思考〈1〉自然と人間》[M]，言叢社，2010 年；《神話思考〈2〉地域と歴史》[M]，言叢社，2014 年。

也是我关心的一个视点。探寻神话构造的研究，在日本，较早可以从原田敏明先生的研究里看到。原田敏明先生从宗教学和民俗学出发，根据宗教上的二元论，指出了"出雲（出云）世界"的死、暗、恶同"高天原"的生、明、善之间的对立关系。① 真正说得上通过构造分析的视点来研究日本神话的是大林太良和吉田敦彦两位先生。两位先生受到法国比较神话学者、言语学者乔治·迪梅齐尔（Georges Dumézil）研究的很大影响，把他的"主权机能"、"战士机能"、"生产者机能"这一三机能体系应用到了日本神话的解释上。另外，大林太良先生受到克洛德·列维－斯特劳斯（Claude Lévi-Strauss）对南美、北美印第安神话的分析的影响，虽不能说和克洛德·列维－斯特劳斯的构造分析方法完全一样，但在其著书《日本神话的构造》中使用构造分析的视点对日本神话进行了考察，提出了日本神话中存在的"二分观"、"三分观"。在西乡信纲先生的著书《古事记的世界》中，这样写到，从"大和"看来"出雲（出云）"是西方的日落之国，因此"出雲（出云）"被看作是死之国，而"伊势（伊势）"位于"大和"的东方，所以被看作与日神具有很深渊源的地方。作者提出"出雲（出云）"和"伊势（伊势）"的对立关系这一观点，应该与克洛德·列维－斯特劳斯的构造分析论不无干系吧。在该著书中，他还指出《古事记》的神话世界的纵向是"高天原"、"葦（苇）原中国"、"黄泉国"，横向是"出雲（出云）"、"大和"、"伊势（伊势）"，这样的各由三段立体构造所构成。另外，他还说道："神话并非是小孩子气的幼稚的'思想'，神话与仪式具有

---

① 参见原田敏明：《日本古代宗教》［M］，增補改訂版，中央公論新社，1979 年；《古代日本の信仰と社会》［M］，彰考書院，1948 年。

微妙的关联，不妨说它是'思想'以前的东西，正因为它是用语言来表达象征，所以才能被理解的吧。"① 他对神话象征意义的究明的重视，可以从这句话里看到。在胜俣隆先生的著书《异乡访问谭、来访谭的研究》中，贯穿着神话的象征意义的究明以及构造分析的方法。特别是其著书的第四部第五章的"国土创生神话与从天界执矛扎刺之行为"一节中，充分运用了构造分析方法。

三、研究方法

本论的研究方法是在恩师胜俣隆先生的指导下，并受到西乡信纲先生的论著的影响而形成的。关于中国的古代思想、哲学方面，则受到了连清吉先生的细心指导。在神话的考察中，以构造的分析、象征意义的究明、中日比较，这三个视点为中心。

在胜俣隆先生的《异乡访问谭、来访谭的研究》一书中说道："不要仅仅停留在文本的注释上，因为神话是具有仅仅通过字面的读解无法充分得到理解的性质的。神话是通过古人的思维把象征性的记号堆积组织起来的东西。如果不能读解出这些记号所表达的意思，那么我们无法正确地理解神话的含义。"② 在神话研究的方法上，先生还有这样的教诲，即运用构造论的视点来考察神话，在神话解释上是一个有效的手段，能够看透隐藏在神话内部的含义。

西乡信纲先生的论说也给了笔者很大的影响。他学习了克洛

---

① 西鄉信綱：《古事記の世界》［M］，岩波書店，1967 年：12 页。
② 勝俣隆：《異境訪問譚·来訪譚の研究》［M］，和泉書院，2009 年：4 页。

德·列维－斯特劳斯的方法，制作了神话语言类型表和神话形象类型表，通过这种方式试着去解释《古事记》。他说道："在解读《古事记》时最重要的事情是，故事所具有的类型性的构造是什么。如果无视故事的构造，把故事的素材七零八落地拆卸成某些事件或事实的层面，那么正可以说是从来的历史主义的不毛和贫困。"① "正因为神话是用语言来表达象征，所以才能被理解的吧。"② 西乡信纲先生正是试图通过构造分析、象征意义的究明等视点来解读《古事记》中的神话的。

另外，连清吉先生指出了在日本神话的解读上，神话的素材同中国的思想、哲学观念等相比较的重要性，也特别指出了研究考察王孝廉先生的诸著作以及《古史辨》的重要性。

当然，仅仅通过构造分析、象征意义的究明等视点来解读神话，有点过于浪漫主义了。仓野宪司、青木纪元等诸先生的文献学以及津田左右吉、上田正昭等诸先生的历史学的视点也是绝对不能忘记的。

在研究《古事记》、《日本书纪》方面，使用文献学研究方法，是继承于本居宣长氏等以来的日本国学研究的传统方法。在如今，西宫一民、中村启信、菅野雅雄、青木周平、西条勉、寺川真知夫、荻原千鹤、神田典城、神野志隆光、山口佳纪等诸先生的以国语学、国文学为基本的研究是日本神话研究的主流，是基础性的研究，当然是笔者的重要参考对象。另外，工藤隆、冈部隆志等诸先生的关于寻找日本神话同中国少数民族神话之间的关联的研究，也为笔者提示了一个方向。笔者对文本读解的基础

① 西乡信綱：《古事記の世界》［M］，岩波書店，1967年：45页。
② 西乡信綱：《古事記の世界》［M］，岩波書店，1967年：12页。

性研究当然是十分重视的，但是受到恩师胜俣隆先生等诸指导老师的"仅靠对文本读解的研究可能无法看透神话构造上的更深层次的含义"这样的教诲，因此想试着用自己的关心的视点去解读神话。

另外，松村武雄、松本信广、松前健、大林太良、吉田敦彦等诸先生的比较神话学的研究方法也是笔者想借鉴的。

在松村武雄先生的《日本神话的研究》的第一卷第五、六章中，有这样的话。在神话的成立和其发展变化方面，神话所吸收的、所关联涉及的方面几乎是无限的，在神话的解释上，必须从许许多多的方面进行考察究明。如果只是依靠某个单一的学科门类来研究神话的话，那么从结果上看一定是不能十分全面的解读神话的。应使用与作为神话构成要素的多样性的文化脸谱相适应的多样研究法，带有普遍性性质的神话本应使用多角度的研究法。对某个神话而言，具有数个不同的合理解释并不少见。保持心意的柔韧性、弹力性、通融性，从多方面、多角度出发，努力的活用各种各样的研究法。

笔者觉得松村武雄先生的神话研究思想具有很大的参考价值。

参考以上所述诸位先生的神话研究思想和方法，笔者打算采用以下的研究法。

第一，反复体会先行研究，充分领会其神话解释的到达点。

第二，正确读解作为基础的文献，正确地引用文献是最重要的。因此，原文文本批判这一文献学的研究方法是拙论所重视的基础方法。

第三，实行多角度的考察，包含文献以外的考古学上的出土文物以及田野考察。

第四，神话具有普遍性的特征，单单使用文献学的研究方法，无论如何都无法完全解释清楚神话的含义。因此，本文会通过比较拥有相同构造的不同国家的神话民俗这一视点去考察神话的含义。所谓通过神话比较的视点去考察神话并不局限于中日两国，诸外国的研究者的研究也会放入视野之中。

第五，在古代文化中占有重要位置的神话，是包含了古代的宗教、政治、民族、历史、民俗、文学等多方面要素的复合性的东西。在近代，跨学科的神话研究不在少数。神话学关联着上述的各样人文学科，因此考古学、民俗学、心理学、宗教学、人类学等的先行研究也是笔者参考的对象。

第六，在神话的解读方面，并非单单是对字面的理解，包含在或者说隐藏在字里行间的象征、隐喻、类比等的意义的解明是本考察的最重要的一面。

在今后的研究中，笔者将运用上述六点的研究法，努力去究明日本神话的含义。

四、本研究的特征

拙论的研究方法以构造分析、象征意义的解明、中日比较的视点为中心，具体来说，在详细考察主要在中国两汉及以前的古文献中所见到的数字或数字构造的含义和机能的基础上，比较分析《古事记》中的与数字或数字构造有关的神话。

并非仅仅是《古事记》、《日本书纪》，在日本，自古就被指出如《万叶集》、《风土记》等等称之为日本上代文学的作品中引述、利用中国古代文学中的词汇，文句的事实。

在此，稍稍举一些《古事记》中的中国古代词汇的用例。让我们来看一下《古事记》的序文吧。在序文中，比如有以下这一段："夫（それ）、混元（ひたたけたるもの）既（すで）に凝（こ）りて、気（けはひ）・象（かたち）未（いま）だ効（あらは）れず。名（な）も無（な）く為（しわざ）も無ければ、誰（だれ）か其（そ）の形（かたち）を知らむ。然（しか）れども、乾坤（あめつち）初めて分（わか）れて、参（み）はしらの神造化（かみよろづのもの）の首（はじめ）と作（な）れり。陰陽（めを）斯（ここ）に開（ひら）けて、二（ふた）はしらの霊群（かみもろもろ）の品（もの）の祖（おや）と為（な）れり。"在这段文字中，"乾"、"坤"二字可以在《周易》的"乾卦"、"坤卦"见到，"阳"字可见于说明"乾卦"的《象传》、《文言》中，同样"阴"字也可见于此二传中。

另外，比如在"飛鳥清原大宮（あすかのきよはらのおおみや）に大八州（おおやしま）を御（をさ）めたまひし天皇（すめらみこと）の御世（みよ）に曁（いた）りて、潜（かづ）ける竜元（たつのり）に体（かな）ひ、洊（しき）れる雷期（いかづちとき）に応（こた）へき。"这段文字中，"潜竜（潜龙）"这个词在《周易》乾卦的卦辞以及它的象传中可以看到。"洊雷"这个词，在说明震卦的象传中可以看到。

另外还有，比如在"歳（ほし）大梁（とり）に次（やど）り、月俠鐘（きさらぎ）ぶ踵（あた）りて、清原大宮（きよみはらのおほみや）にして、昇（のぼ）りて天（あま）つ位

（くらゐ）に即（つ）きましき。"这段文字中，"大梁"指的就是和岁星的运行相关的"大梁"，即十二次之一，早在中国的《春秋左传》的"昭公"的记载里就可以见到，表示酉年。"俠鐘（俠钟）"是十二律吕中的一个，与月份相对应，表示二月。可见于《国语》的"周语"、《淮南子》的"天文训"等等。

另外，在"（天武天皇）乾符（あまつしるし）を握（と）りて六合（あめのした）を擔（す）べたまひ、天統（あまつひつぎ）を得（え）て八荒（やものきはみ）を包（か）ねたまひき。"这一段中，"六合"这个词，可以在《说苑》的"善说"、《白虎通义》的"礼乐"等中被见到。"八荒"这个词，可以在《说苑》的"辨物"、《淮南子》的"地形训"、"泰族训"以及《史记》的"秦始皇本纪"等中被见到。

在西宫一民先生的著书《古事记的研究》中，在"本文"以及汉文学的主题下，论及了《古事记》中所见到的汉语表记同《汉书》及从中国六朝到初唐的俗语小说《搜神记》、《游仙窟》以及汉语译佛教典籍类《法华经》、《金光明经》、《金刚般若经》、《因果经》等中所见文字的共通性①。

在《古事记》中，可以见到使用中国古代文献中的词汇文句的事实，这可以说是日本神话受到中国影响的证据之一吧。

就像"研究背景"中叙述的，在中国直到现今，中日神话的比较研究的论文还是较少的，著书更是凤毛麟角，而且基本上是把中国神话放在中心来论述的。特别是关于数字的意义或数字相关构造的神话研究论著可以说更为少见。数字相关的论著，我们

---

① 参见西宫一民：《古事记の研究》[M]，おうふう，1993年。

可以看到以下这些。

在著书《三元——中国神话结构》中，傅光宇先生借用了乔治·迪梅齐尔（Georges Dumézil）的三机能说（第一机能"主权"、第二机能"战斗"、第三机能"生产"），应用于中国神话的研究上，以三元构造来论述社会与神话的关系。但是论述限定在中国神话的范围内，没有触及到日本神话。另外，仅以数字三相关的"三元"结构作为论述的中心，和笔者的拙论中所涉及的数字范围不尽相同。

在著书《想象：图像 文字 数字 故事——中国神话与仪式》中，郑志明先生主要通过数字来考察神话的只有一章。第四章中"五帝"被提及，但并未论及数字的象征意义。在第九章论及《史记》"封禅书"的神话和仪式时，论述了"天、地、人、鬼、神"这一"五位一体"的观念，并把"五帝"、"五德"、"五方"等也与"五位一体"的观念关联在一起。当然"五帝"是与神话有关的，但作者基本是站在哲学的立场来论述"五"的。当然这也是笔者的参考对象，但是同笔者以神话学做为出发点以及以数字的象征意义为出发点的考察并不相同。

在叶舒宪先生与田大宪先生的著书《中国古代神秘数字》中，论述了从一至十，还有十二、三十六、七十二等数字。在其著书中，提起与某一数字相关的几个词汇或观念，分别地论述了它们之间的关系。比如，"一"与"混沌、太极、太阳神"；"二"与"阴阳、伏羲女娲"；"三"与"多、生、三皇"；"四"与"黄帝四面、方相氏四目"；"五"与"四与黄帝"；"六"与"六爻、人道六制"；"七"与"七星、七日来复"；"八"与"八神、八风"；"九"与"九州、九阳、九鼎"；"十"与"十干"；

"十二"与"十二支",还有关于"三十六"和"七十二"也举了数个在中国古典文献中可见的用例。当然,虽然其著中所考察的数字"三"与"八"也是笔者的参考对象,但是其关于数字"三"与"八"所论及的范围并不是十分广泛。其著考察的范围主要是中国神话,虽对西洋神话有所触及,比如在论及数字"七"时,谈及了《旧约圣书》的"创世纪"第七章第二至第四节的一部分,另外在论及数字"十二"时,提及了《Gilgameš 叙事诗》,但并未论及日本神话。

在王礼强先生的著书《仁源论与仁源易经》中,通过数字"三"来论"易"。从整体来看,以"三"之"对立融合"含义为中心进行考察论述,论及时间与"三"的关系、度量衡与"三"的关系,作者尝试通过"三"的含义与机能来解释《易经》。另外,作者在其著作的第三部分中把"三"的含义与机能应用到了现代社会、现代生活中。其著书讲述的是哲学,并未触及到神话,把其著看成一本哲学类的著作更为恰当。

在日本,围绕着神话研究,可以见到数字构造相关的出色著作,但不能说有很多。比如,前文曾叙述过的原田敏明先生的"二元论"、西乡信纲先生的"出雲(出云)"同"伊勢(伊势)"的对立构造以及《古事记》中的世界的三段构造、大林太良和吉田敦彦两先生的日本神话三机能说、大林太良先生的"二分论""三分论"等等。

原田敏明先生通过宗教的二元论特别指出,"出雲(出云)世界"并非是指某个特定的地域,而是在观念上同"高天原"对立,也就是说,"出雲(出云)世界"的"死、暗、恶"与"高天原"的"生、明、善"是理念上的对立。

在西乡信纲先生的《古事记的世界》中，他讲道，以"天照大神"为中心的天神世界的形成过程同时也是众多的国神以"大国主神"为极，集约的一个过程，由此，伊势（伊势）神宫的创立和出雲（出云）大社的创立是同时的东西相对的二元宇宙轴的建立过程。他认为这种二元性已经浸入到神话思维的本质中去了。他把在《古事记》中所发现的，分别符合上述那二种性质的事物做了一张二元范畴类别表。具体来说，比如，"高天原"和"葦（苇）原中国"、"天つ神（天神）"和"国つ神（国神）"、"伊势（伊势）"和"出雲（出云）"、"日向"和"襲（袭）"、"大和"和"熊野"。从神话性观点的维度来讲的话，就是有"圣"与"俗"、"善"与"恶"、"阳"与"阴"、"天"与"地"、"东"与"西"、"秩序"与"混沌"等的存在①。这样的二元对立观点恐怕与克洛德·列维－斯特劳斯的神话构造论的思想是有关联的。另外，他还指出了《古事记》的神话世界的纵向是由"高天原"、"葦（苇）原中国"、"黄泉国"，横向是由"出雲（出云）"、"大和"、"伊势（伊势）"这样的立体的三段构造所构成的。这里讲述到的二元构造、三元构造这样的观点虽然给予了笔者很大的参考，但笔者在拙作中论及的"三"的构造是同这里对立的二元、三元构造有所不同的。笔者论及了事物发展之三阶段，同时也想深入考察数字"三"的象征意义。

吉田敦彦先生在其著书《希腊神话与日本神话》中，介绍了乔治·迪梅齐尔（Georges Dumézil）的"三机能"理论。在《日本神话的源流》一书中，把三机能说应用到了日本神话中。具体

---

① 西鄉信綱：《古事記の世界》［M］，岩波書店，1967 年：44－45 页。

而言，他认为"天照大神"、"三神器"中的镜属于第一机能的主权机能，"须佐之男命（须佐之男命）"、"草薙剑（草薙剑）"属于第二机能的战斗机能，而"大国主神"、"勾玉"则属于第三机能的生产机能。通过"三机能"理论来解释日本神话可以认为是一个重要的视点，但在拙作中，主要想以考察数字的象征意义为中心，通过与"三机能"说不同的视点来读解日本神话。

另外还有前面已经提到过的，大林太良先生受到克洛德·列维－斯特劳斯（Claude Lévi-Strauss）对南美、北美的印第安神话的分析的影响，虽与克洛德·列维－斯特劳斯的构造分析方法不完全一样，在其著书《日本神话的构造》中使用构造分析的视点对日本神话进行了考察，提出了日本神话中存在的"二分观"、"三分观"。

作者在其著书《日本神话》的第一部中，借用了克洛德·列维－斯特劳斯的构造分析视点，陈述道："列维－斯特劳斯使用的南美未开民族的神话资料和我在这里作为分析对象的日本古代神话资料之间存在着性质上的差别。也就是说，在南美诸族的场合，各个独立的神话汇聚在一起，但是一个宏大的神话体系被创建起来的事情几乎是见不到的。换句话说，一个一个独立的神话并存在一起。可是，像《古事记》、《日本书纪》那样的日本古代神话资料是作为历史已经在著书中体系化了。于是各个神话按照时间的继起关系被整理，统一成了一个体系。然而，在后来分析中所显示的，同一体系中情节类似的神话多次反复显现。这是作为体系神话的日本神话的一个很大特征。我正想从这里寻求研究的线索。如前所述，在克洛德·列维－斯特劳斯《神话学研究》第一卷中，他以任意选出的博罗罗（Bororo）族的神话作为出发点，同存在于南美各民族的诸异传进行了比较分析。和他不同的是，重视日本神话所具有的体系神话性质的我而言，试图比较分析同一神话体系内的具有类似情节乃至类似构造的神话。当然，那与克洛德·列维－斯特劳斯的研究法是不同的。特别是在我的研究场合，和他的研究相比，我认为神话体系中时间的继起关系具有更大意义这一点是与他的研究相异的。"① 在此想法的基础上，大林太良先生对日本神话进行了研究。在把"三机能"说应用于日本神话方面，他陈述道："天神是具有主权机能以及军事机能的众神。与此相对的地神是具有生产者机能或者说具有土地之主机能的众神。我的考察到达了上述的结论，吉田氏的研究所得出的见解也基本与此相同。"② 在"二分观"的方面，他论及了"天神"与"地神"的对立，"天神"具有政治、祭祀、军事、征服者等地位，而"地神"则是生产者、土地之主、被支配者。进一步，他把"天神"和"地神"看作人类神，把"山神、河神、海神"看作自然神。另外，也同西乡信纲先生一样，把"出雲（出云）"和"伊勢（伊势）"的对立也纳入了二分观之中。还把"海"与"山"纳入到了二分构造中。在"三分观"方面，他提出了一个独自的观点"三方敌"，他陈述道："虽然从中央来看将军被派向四方，但是实际上所谓四方并非是东南西北，而是北，东，西三方这样的形式。"③ 日本神话是基于时间的继起关系而统一成一个体系神话的，这一点具有很大意义。大林太良先生在认同此看法的基础上，对日本神话进行了构造分析。

①　大林太良：《日本神話の構造》[M]，弘文堂，1975 年：6－7 页。
②　大林太良：《日本神話の構造》[M]，弘文堂，1975 年：6－7 页。
③　大林太良：《日本神話の構造》[M]，弘文堂，1975 年：88 页。

此看法对于拙论来讲，也是考察研究的前提。但是，关于大林太良先生的研究，比起涉及数字意义的研究更应该说是涉及构造分析的研究，这一点和拙论的研究有所不同。

前面讲了关于数字相关构造分析的研究，没有触及数字象征意义的研究。通过数字象征意义来研究日本神话的，并取得出色业绩的是江口洌先生。在其著书《探究伊势神宫的源流：解开定年迁宫之谜》中，他指出了解开伊势神宫的形形色色之谜的提示就隐藏在"数字"之中①。在其著书《古代天皇的圣数线：通过数字读解日本书纪》中，作者主张《日本书纪》的编纂者是以圣数来决定古代天皇的即位年和驾崩之年的②。一个很大的谜团由此被解开了。《日本书纪纪年的研究》中，作者论及在《日本书纪》中用到的历数、易数等是怎样被编入到纪年构成和实际的历史事项中去的③。在《古代文化与圣数》一书中，把数字作为钥匙，解明了《万叶集》、《日本书纪》中所见到的日本古代文化的样态④。但是，在江口洌先生的大作中，主要论及的是与天文历法有关的数，比如，章数之"十九"、十九年七闰的"七"、与月亮运行相关的循环数章月之"二百三十五"、与太阳运行相关的循环数"三百六十、三百六十五"等为主。把天文历法相关的循环数同天皇家族的即位、驾崩联系在一起，提出了"威灵再生"这一观念。因此，江口洌先生的研究中对待数字的方式以及数字

① 参见江口洌：《伊勢神宮の源流を探る：式年遷宮の謎を解く》[M]，河出書房新社，2012年。
② 参见江口洌：《古代天皇の聖数ライン：数字で読み解く日本書紀》[M]，河出書房新社，2007年。
③ 参见江口洌：《日本書紀紀年の研究》[M]，おうふう，2004年。
④ 参见江口洌：《古代文化と聖数》[M]，おうふう，2008年。

的考察范围与拙论不尽相同。另外，在拙论中是把体系神话作为考察的对象的，这一点也同江口洌先生的考察对象相异。

　　此外关于数字研究的论文虽说并不少，但与神话研究相关的却并不多见。这里稍稍举几个例子。比如，在神田典城先生的《天孙降临神话所背负的》一文中，触及了数字"三"和"八"，虽然指出了这两个数是圣数，但其具体含义却未见论述①。在大内建彦先生的《重读记纪神话（2）：（I）围绕创世神话》一文中，作者指出在《古事记》中，共存着从中国传来的圣数"三、五、七"与更古时代的圣数"八"。但是同样没有阐述圣数所包含的具体意义②。在林道义先生的《在日本神话中的男性性的研究》一文中，指出了关于"二"、"三"的心理学上的含义，但只有一处引用了中国古代文献《道德经》之一文"道生一，一生二，二生三，三生万物"，未能见到作者详求数字的意义于中国古代文献③。在杜勤先生的《关于日本神话的辩证法思想的一个考察——以与老庄思想的关联为中心》一文中，作者提起了"伊耶那岐、伊邪那美"神话、"天照大神、须佐之男（须佐之男）"神话以及"天之石屋"神话等等。作者参照老庄的哲学思想，指出日本的神话体系中充满了一以贯之的二元论，相对的两个要素

---

① 　神田典城：《天孫降臨神話の担うもの》[J]，《学習院女子短期大学紀要》，1984年，22 号：22 – 44 页。

② 　大内建彦：《記紀神話を読みなおす（2）：（I）創世神話をめぐって》[J]，《城西大学女子短期大学部紀要》，1998 年，卷 15 号 1：1 – 15 页。

③ 　林道義：《日本神話における男性性の研究―上―》[J]，《東京女子大学附属比較文化研究所紀要》，1989 年，50 号：49 – 66 页。

具有相互补充，相互转换的关系①。不管怎么样说，详细考察中国古代文献中的数字的象征意义或数字相关构造，然后与日本神话进行比较研究的除了江口洌先生的研究之外，基本上未能见到。

下面，略微把笔者所考察的以"伊耶那岐命"、"伊耶那美命"两神为中心的几个神话的相关先行研究综述一下，当然都是与数字有关的先行研究。比如，《古事记》中我们见到的"三、五、七"，关于这三个数字，先行研究几乎都说是受到中国的圣数观念或中国的阳数观念的影响，但是详细地在中国古代文献中探寻这三个数字的具体意义及机能的却未能见到。在"黄泉国"神话中，"伊耶那岐命"取了三个桃果迎击追赶而至的"雷神"与"黄泉军"，使得他们逃散而去。为什么"伊耶那岐命"取桃果三个呢？先行研究中未能见到论及此处"三"的具体机能的内容。还有，关于在《古事记》国土创生神话中出现的数字"八"的意义，先行研究几乎都说道"八"是日本自古以来的圣数，但是关于为何把"八"作为圣数，未见有论及的具体研究。在"黄泉国"神话中，关于"八雷神"，在先行研究中议论的中心都是"雷神"到底是什么，而关于"八雷神"中的"八"几乎都未有触及。还有，在"黄泉国"神话的末尾部分，"伊耶那岐命、伊耶那美命"两神在进行断绝夫妻之缘的仪式时，"伊耶那美命"说道："（把您所住的国土上的人）一天之中绞杀千人。""伊耶

① 杜勤：《日本神話の弁証法的思考に関する一考察——老荘思想との関連を中心に》[J]，《日本研究》，2000年，20号：69-80页。（杜勤先生是中国学者，但此论文以日文发表于国际日本文化研究中心（日本京都）的《日本研究》上，因此拙作中把此文列入在日本的著作部分来叙述。）

那岐命"回话道:"(如果您这样做的话,那么我就)一天中建起一千五百间产房。"在先行研究中,未见特别论及"一天之中绞杀千人"和"一天中建起一千五百间产房"中的数字"千"和"千五百"的。

至今考察的先行研究中,在中国,中日神话的比较研究并不多见,通过数字的象征意义或数字相关的构造来比较研究中日神话的论著则更为少见。在日本,可以见到关于数字"二"、"三"的构造分析研究,但是笔者觉得其与中国古代思想、中国神话传说的关联研究的程度好像还说不上深入。而以中国古代文献中数字的象征意义来详细研究日本神话的除了江口洌先生的研究几乎是见不到的。因此,关于日本神话中的数字的意义和机能,在中国古代文献中探寻它们的由来,同中国古代思想、中国神话传说的先行比较研究不能说是十分充分的。

以下陈述关于拙作的章节构成的理由。《古事记》的上卷是关于神话之卷,叙述了世界的诞生、日本国土的开端、地上的天皇家族的起源等等事情。这些神话,大分的话,可以分成"高天原神话"、"出雲(出云)神话"、"日向神话"三大神话。其中,作为"高天原神话"的构成内容,有"世界的诞生"、"国土创生、神的创生"、"死的起源(黄泉国)"这一连串的神话。这三个神话是以"伊耶那岐命"、"伊耶那美命"两神为中心展开的。如果稍稍陈述得详细一点的话,从天地初始开始,"伊耶那岐命"、"伊耶那美命"两神的诞生、二神的国土创生及神的创生、"伊耶那美命"的死、黄泉国为止的一系列神话是装点《古事记》起首部分的重要神话。在这一系列神话的故事场面中,多见拙论想要考察探究的数字以及数字相关构造,因此决定就这些神话开展考察。

在拙论中,第一章考察的"蛭子"神话从属于"二神之国土创生"神话;第二章考察的"造化三神"从属于"世界的诞生"神话;第三章考察的"三个桃果"则从属于"死的起源(黄泉国)"神话;第四章考察的"大八岛国(大八島国)"从属于"二神的国土创生及神的创生"神话;第五章考察的"八雷神"从属于"死的起源(黄泉国)"神话;第六章考察的"千、千五百"亦从属于"死的起源(黄泉国)"神话。其中第二章属于"伊耶那岐命"、"伊耶那美命"两神诞生之前的神话,其他的神话都与"伊耶那岐命"、"伊耶那美命"两神的行为有关。

如上所述,笔者想通过象征、构造分析等视点考察《古事记》起首部分的重要神话之"伊耶那岐命"、"伊耶那美命"两神的一系列关联神话。把拙著中考察到的神话与《古事记》上卷之各神话之间的关系用一张图来表示的话,则如下图所示。

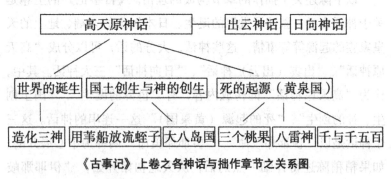

《古事记》上卷之各神话与拙作章节之关系图

拙论是以有机结合在一起的"伊耶那岐命"、"伊耶那美命"两神的关联神话为考察对象,用迄今中日学者几乎未着手的,通过详细考察中国古代文献中的数字的象征以及数字相关构造的意义来对中日神话进行比较研究。

第一章　关于《古事记》中"蛭子 （ヒルコ）神话"的考察

《周易》的"系辞下"中有这么一句话："古者，包牺氏之王天下也，仰则观象于天，俯则观法于地，观鸟兽之文与地之宜，近取诸身，远取诸物。于是，始作八卦，以通神明之德，以类万物之情。"① "近取诸身，远取诸物。"不正可以认为是通过象征的方法来认识这个世界吗？拙作中，在分析《古事记》的"蛭子（ヒルコ）"神话时，尝试通过考察"葦（苇）船"的象征意义，去解释"蛭子（ヒルコ）"神话。

第一节　关于"蛭子"的诸说

《古事记》中关于"把蛭子（ヒルコ）放入葦（苇）船流放"这一场面，首先直面的就是"蛭子（ヒルコ）"的含义。

---

① 今井宇三郎、堀池信夫、間嶋潤一：《易経（下）》新釈漢文大系第63卷［M］，明治書院，2008年：1579－1582頁。

在《古事记》中，有关"蛭子（ヒルコ）"的故事是这样记载的。"如此之期、乃詔、汝者、自ₗ右廻逢。我者、自ₗ左廻逢。約竟以廻時、伊耶那美命先言、阿那邇夜志、愛ᴸ袁登古袁、後伊耶那岐命言、阿那邇夜志、愛ᴸ袁登売袁。各言竟之後、告₌其妹₋曰、女人先言、不ₗ良。雖ₗ然、久美度邇興而生子、水蛭子。此子者、入₌葦船₋而流去。次、生₌淡島₋。是亦、不ₗ入₌子之例₋。"① （约定之后"伊耶那岐命"说，"你自右向左而行，我自左向右而行。"随后两神绕柱而行，相遇后"伊耶那美命"首先发话道："啊，多么可爱的少年呀。"随后"伊耶那岐命"说道："啊，多么可爱的少女呀。"对话之后，"伊耶那岐命"对"伊耶那美命"说"女子先发话是不好的"。虽然这样说了但还是行了婚媾之事。首先生下的孩子是"水蛭子"。这个孩子被放入了苇船中放流了。然后又生下了"淡島（淡島）"，此孩也未被列入两神所生的孩子之数中。）

与此相当的，在《日本书纪》中有如下记载，首先是其卷第一的第四段（大八洲生成章）的一书第一中有这样的记载："陰神乃先唱曰、妍哉、可愛少男歟。陽神後和之曰、妍哉、可愛少女歟。遂為₌夫婦₋。先生₌蛭児₋。便載₌葦船₋而流之。次生₌淡洲₋。此亦不₌以充₌児数₋。"其他的异说有，在其卷第一的第四段的一书第十中为："一書曰、陰神先唱曰、妍哉、可愛少男乎。便握₌陽神之手₋、遂為₌夫婦₋、生₌淡路洲₋。次蛭児。"在其卷第一的第五段（四神出生章）的本文中的记载和上述的三者有点不同，即"伊耶那岐命"和"伊耶那美命"两神之产子顺序不

---

① 山口佳紀、神野志隆光校注、译：《古事記》新編日本古典文学全集1［M］，小学館，1997年：32－34页。

同。另外，在其卷第一的第四段（大八洲生成章）的本文中，接着"於レ是陰陽始遭合為二夫婦－"的表述，在日月二神诞生之后，才有"次生二蛭兒－。雖二已三歲－、腳猶不レ立。故載二之於天磐橡樟船－、而順レ風放棄。"同这个日神、月神、蛭子（ヒルコ）的出生顺序一样的有其卷第一之第五段一书第二的记载，"次生二蛭兒－。此兒年滿二三歲－、腳尚不レ立。初伊奘諾・伊奘冉尊、巡レ柱之時、陰神先発二喜言－。既違二陰陽之理－。所以今生二蛭兒－。……次生二鳥磐橡樟船－。輒以二此船－載二蛭兒－、順レ流放棄。"①

　　关于蛭子（ヒルコ）有着各种各样的解释，考虑到篇幅及主次，笔者在这里把两个主要的解释介绍一下。第一，和表记上的文字所写的一样，把它解释为"水蛭一般的孩子"，就是生来就不健全的孩子。第二，把蛭子（ヒルコ）中的"ヒル"看作日（ヒ），那么ヒルコ就是"日子（ヒルコ）"，即男性的太阳神或者太阳之子的意思。

　　符合第一种解释的，我们可以举出下列这些先行研究。

　　1. 在《古事记传》一之卷中，关于蛭子（ヒルコ）有这样一说："上古时代把像水蛭一般的孩子称之为'いひし'。……那样的孩子被如此称呼，就应该有像那种虫子一样的这样的含义在里头。那样的孩子没有手足，看上去形似才会这样说吧。还有，《日本书纪》中记载'雖已三歳脚猶不立'，根据这样的记载，即便是具有手足，也是萎顿的、没有活力的、又软又弱的样子，所

---

① 小島憲之、直木孝次郎、西宮一民、蔵中進、毛利正守：《日本書紀》新編日本古典文学全集2［M］，小学館，1994年：28、30、34、36、38页。

以才会这么说。"①

2. 在武田祐吉先生校注的《日本书纪》中，在关于"蛭子（ヒルコ）"的注中说道："水蛭一般无骨之子。把为害于水田耕作的水蛭，当作是由神的错误婚姻而生出来的东西。"②

3. 根据白鸟库吉先生的研究，有这样的说法："把水蛭叫做 firu 是因为ヒルム这个词的含义中有萎顿软弱、受到外力则弯曲、萎缩等等的意思。还有把'痹'叫做シビル也是一样的意思，シ是前缀，ビル是词根。因为此子就如同水蛭一般筋骨萎缩弯曲、软塌塌的，所以才得了一个名叫'水蛭儿'吧。"③

4. 松村武雄先生的主张是："脚萎缩的'蛭儿'不管放到哪里都是如同字面上的意思一样，本来就是个残疾的孩子，而不是什么其他的东西。因此蛭子（ヒルコ）生来就背负着被肉亲伊耶那岐命和伊耶那美命两神用某种方式适当处理的命运，这样的解释是符合'神话之民'的古代日本人的自然的实际心理的。我是这么考虑的。"④

5. 伊波普猷先生说："在《混効验集》坤卷的人伦门中说道：'びる，是说很久很久了小孩子的脚还立不起来的意思，写作蛭子。'……びる在发音时大概是发成ビール，和ビール（海产的绿藻）是有关联的词语，如今错发音成ビーラー，用于表示怯弱之义。另外，在这里附带地提一下，把果实熟透后变得很软

---

① 本居宣长：《古事記傳》一の卷 [M]，日本名著刊行会，1930 年：202 页。
② 武田祐吉：《日本書紀》日本古典全書 [M]，朝日新聞社，1948 年：61 页。
③ 白鳥庫吉：《神代史の新研究》[M]，岩波書店，1954 年：178 页。
④ 松村武雄：《日本神話の研究》第二卷 [M]，培風館，1955 年：271 页。

叫做ビーレー。"①

6. 西乡信纲先生说道："'ヒルメ'是太阳神的妻子的意思，但和'ヒルコ'并非是相对的词语。ヒル这个词可见于在大神宫仪式帐的'我朝御饌夕御饌稲乃御田家田乃堰水道田东波、田蛭波穢故尔、我田东波不レ住止宜支'这句话中，可以知道那可是不受欢迎的东西。……话里有'ヒルコ'什么的，其实表示了周围暗影环绕。这样来解释并无不可，即，通过夫唱妇随这一理念来显示的新秩序是只有通过把不健全的孩子放入苇船顺流舍弃这一去除邪恶的行为才能达成的。"②

7. 在福岛秋穗先生的论考"围绕ヒルコ神话"中说道："如果就二神（指的是'伊耶那岐命'和'伊耶那美命'二神）的结婚和ヒルコ的诞生故事来说的话，那么就是男女结婚后，最初生出了异物，而后得到正常的孩子，这样的故事在世界各地都有传承，然而我们可以知道几乎所有这样的故事都位于洪水神话的最后部分。众所周知，洪水神话中逃离洪水之难的兄妹结婚后子孙繁荣的故事在印度、东南亚广泛分布。只有一对男女（多数都是兄妹这种情况）幸存下来，而他们被认作后世的人类之祖，而且第一子是异物这样的说法，多见于越南的泰族、台湾的原住民阿美族、中国的少数民族中的彝族、苗族、瑶族等从中国南部到东南亚地区居住的种族中。恐怕我国的'ヒルコ'诞生谭也可归入这一系列吧。"③

---

① 伊波普猷：《日本文化の南漸》，《伊波普猷全集》第五卷［M］，平凡社，1974年：562 页。
② 西郷信綱：《古事記注釈》第一卷［M］，平凡社，1975 年：114、115 页。
③ 福島秋穂：《記紀神話伝説の研究》［M］，六興出版，1988 年：62－63 页。

另一方面，关于"日子（ヒルコ）"说，可以举出下面这些例子。

8. 泷泽马琴先生在《燕石杂志》卷一的日之神段中写到："如果夜既能训读成よ也能被训读成よる的话，那么日也应能被训读成ひ或ひる。契冲先生说，神代纪①中有'大日霊尊（大日灵尊)'②。那么蛭子也应该可以称为日子。这与荻生徂徕先生之说很是一致。"③

9. 松岗静雄先生说："同时代被给予名字的二位贵人的名字中的名词具有不同的含义，我是没法这样想的。想来'ヒルコ'也是为了庆贺有如同太阳般遍照万物的贵人而被赋予的名字，但是或许此贵人不幸夭折亦或短命，无论怎样，因为他遭遇了被放入了柩④中水葬的命运，所以产生了'女人先言不良'这一谚语吧。"⑤

10. 次田真幸先生说："'ひるこ'应如其名字所示，原本是作为太阳神之子的日神的，而'ひるめ'是掌管祭祀太阳神的灵巫。⑥ 可以这样考虑，原来以太阳神性质的神格'日子'为根基的信仰，到了后来发展成日神之天照大御神信仰，'ひるこ'所具有的太阳神性质被天照大御神吸收了。完全丧失了太阳神性质要素的'ひるこ'成了在生来不健全的孩子或残疾的孩子这种理

---

① "神代纪"是指《日本书纪》的卷一（神代上）和卷二（神代下）。

② "大日霊尊"即"天照大神"。

③ 曲亭馬琴：《燕石雑誌》[M]，吉川弘文館，1995 年：277 页。

④ 在日语中"柩"的训读为"ひつぎ"、音读为"キュウ（キウ）ノグ"，并无フネ这样的发音，松岗静雄先生这里把"柩"看作原文中的"船（フネ）"。

⑤ 松岡静雄：《日本古俗誌》[M]，刀江書院，1926 年：233 页。

⑥ 此句中的"ひるこ"、"ひるめ"同上文出现的"ヒルコ"、"ヒルメ"，发音一样，表记不同。

由下被舍弃的孩子，从而从神统谱里被除了出去了吧。大家都说太阳神崇拜在南方系的民族中特别盛行，我觉得天照大神的太阳神性质也是与南方系海洋渔人一族的信仰以及和祭祀仪式有着紧密联系的。"①

11. 松本信广先生在"蛭儿与日女"一文中写到："'ヒルコ'是对应于'ヒルメ'的名称，意味着太阳之子，放'ヒルコ'的'石楠船'② 难道不是意味着是放入高贵之子，配合水之考验的神圣容器吗？"③

12. 松前健先生在"自然神话论"一文中写到："'ヒルコ'恐怕就是对于太阳神的妻子之'日妻'而言的太阳神之子的'日子'的名称。是作为太阳神之子的分身或作为他的代表被放在水里流放的一个存在吧。"④

第二节　关于"蛭子（ヒルコ）"的拙见

在体系性的神话著作《古事记》中，作为构成的每个神话一定是具有某种意义的，一定在其中扮演着某种角色。从《古事记》、《日本书纪》中记载的"ヒルコ"神话来看，由于"把蛭子（ヒルコ）放入船中流放"这一点是共通的要素，那么这个神

---

① 次田真幸：《水蛭子と葦船——海人族の伝承の一考察》[J]，《国文》お茶の水女子大学，1962 年，第 17 号：13 页。
② 这里的"石楠船"即指《日本书纪》中表记的"鸟磐樟橡橡船（鸟磐橡樟橡船）"，也是用于流放"蛭子（ヒルコ）"的一种船。
③ 松本信広：《日本神話の研究》[M]，平凡社，1971 年：195 页。
④ 松前健：《松前健著作集》第十一卷 [M]，（株）おうふう，1999 年：61 页。

话素在《古事记》、《日本书纪》成立之前就已经存在了这个想法应该是没有错的吧。如果是这样的话，蛭子（ヒルコ）神话明显就不是《古事记》、《日本书纪》成立之时编造出来的神话了。据此，关于"ヒルコ"这个表记，也就是说关于使用"蛭"这个字，可以有三种可能的考量。

第一，在《古事记》中，"蛭子（ヒルコ）"神话原本就用的是"蛭"这个字。（"ヒルコ"的意思就是"蛭"的字面的意思。）第二，在《古事记》、《日本书纪》编纂之前，这个神话中"蛭"字是作为假借字来用的。（"ヒルコ"的意思与"蛭"的字面的意思不同。）第三，在《古事记》、《日本书纪》编纂之时，记纪神话的体系性的要求，故意使用了"蛭"字。

这三个说法之中，首先就第三种说法来考虑一下。因为在《古事记》、《日本书纪》中关于"ヒルコ"的记载有好几个，所以为了体系性的需要故意使用"蛭"字这样的事情是很难考虑的。如果像第二种的说法，"蛭"字是作为假借字来使用的话，那么为什么非得使用"蛭"这个字呢？虽说在《古事记》、《日本书纪》编纂之前，处于误解亦或因某种目的，"蛭"字被使用的可能性也不能说完全没有。

作为现在学会中有力的观点，就是认为"ヒルコ"是"日子（ヒルコ）"这一观点。这个观点也就是说把"ヒルコ"看成男性的太阳神或太阳神之子（ヒル，即日。コ，即子，表示男性的词尾）。可是如果是这种情况，为何不写成与字面意思一致的"日子"，而写为"水蛭子"呢？关于此，有以下解释。即由于天照大神这一女性太阳神独占了太阳的神格，男性太阳神没了去处，不得不潜藏了。也就是说，为了掩盖原本曾有的"日子"这一存在的真相而使用了"水蛭子"这一表记。关于这一说，或许还可以这样来解释。就是在口头传承阶段，虽然该神话中发音为"ヒルコ"的原本是"日子"的意思，但是在文字记载阶段因为被误解，表记成了"水蛭子"，而后其成为了《古事记》、《日本书纪》的神话素材，照旧沿用了"水蛭子"这一表记。

可是迄今为止，在日本，无论是在文献还是在民俗传承中都找不到"日子（ヒルコ）"这样的记载。也就是说"日子（ヒルコ）"观念实际存在过的证据一个也没有。另外，在《古事记》中，为了隐藏原本的语义而硬是使用假借字的用例是见不到的，在《古事记》、《日本书纪》中使用会使得意义混乱的文字也是没有的，而且《日本书纪》用字的基本原则就是使用正训字。在"ヒルコ"这一场合，值得注意的毕竟还是使用了意味着吸血动物的"蛭子"这一用字作为它的表记方式。因而，笔者的拙见是"ヒルコ"原本就应理解为"蛭子"这个字面的意思。如果是这样的话，那么笔者觉得把"蛭子（ヒルコ）"神话看做是一个一直传承下来的"把像水蛭一般的孩子放进船中流放"这一具有某种特别意义的神话，是较容易接受的。

如果"ヒルコ"是"蛭子"的字面之义即水蛭一般的孩子，那么在理解放流这个有问题的孩子时，为什么《古事记》记载的是用"葦（苇）船"流放，在《日本书纪》中记载的是"葦（苇）船"或"天磐橡樟船"或"鸟磐橡樟船（鸟磐橡樟船）"来流放呢？我们难道不可以这样想？即这些船名的异传正是解释该神话的关键。在《古事记》中可以看到"葦（苇）原中国"这一词汇的地方有十三处。另外还有，"葦が芽（苇之芽）"、

"宇摩志阿斯訶備比古遅神（宇摩志阿斯诃备比古迟神)"①、"豊葦原水穂国（豊苇原水穂国)"、"豊葦原千秋長五百秋水穂国（豊苇原千秋长五百秋水穂国)"、"葦原色許男神（苇原色许男神)"、"葦那陀迦神（苇那陀迦神)"等等。看到这些在国名、神名这种应该被赞美的事物上使用的"葦（苇)"字，那么我们把"葦（苇)"看成一种神圣之物应该是没有错的吧。在考虑为什么非得使用"葦（苇）船"来流放"水蛭子"这一点时，"葦（苇)"被看做神圣事物难道不正是解开该神话含义的关键之处吗？以下，就"葦（苇)"的意义，进一步详细考察。

第三节　《古事记》、《日本书纪》中所见之"葦（苇)"

在考察"葦（苇)"的象征意义之前，让我们先来看一下，《古事记》的上卷以及《日本书纪》的神代上、下中，关于"葦（苇)"是在哪里出现的，以怎样的方式出现的，有着什么样的含义。下面按照"葦（苇)"的出现顺序一一列举。

1. 宇摩志阿斯訶備比古遅神（うましあしかびひこぢのかみ）——（《古事记》上卷之"天地初发"段）"天地初発之時、於=高天原=成神名、天之御中主神。次、高御産巣日神。次、神産巣日神。此三柱神者、並独神成坐而、隠ㄴ身也。次、国稚如=浮脂=而、久羅下那州多陀用弊流之時、如=葦牙=因=萌騰之物=

---

① "宇摩志阿斯訶備比古遅神（宇摩志阿斯诃备比古迟神）"是苇芽生命力的表象。

而成神名、宇摩志阿斯訶備比古遅神。"① ——这里的"葦
（苇）"可以认为是生命力的象征。

2. 葦船——（《古事记》上卷之"耶那岐命和伊耶那美命两
神之结婚"段）"各言竟之後、告=其妹_曰、女人先言、不∟良。
雖∟然、久美度邇與而生子、水蛭子。此子者、入=葦船_而流去。
次、生=淡島_。是亦、不∟入=子之例_。"② ——这里的葦（苇）
船是流放"蛭子（ヒルコ）"的容器。

3. 葦原中国（あしはらのなかつくに）——（《古事记》
上卷之"黄泉国"段）"且後者、於=其八雷神_、副=千五百之
黄泉軍_令∟追。爾、抜下所=御佩_之十拳剣上而、於=後手_布伎
都々、逃来。猶追。到=黄泉比良坂之坂本_時、取下在=其坂本_
桃子三箇上待撃者、悉坂返也。爾、伊耶那岐命、告=桃子_、汝、
如∟助∟吾、於=葦原中国_所∟有、宇都志伎。青人草之、落=苦瀬
而患惚時、可∟助、告、賜∟名号=意富加牟豆美命。"③ ——这
里的"葦（苇）原中国"指的是人类所生活的地方。——另外，
"葦（苇）原中国"这个词，也可以在"天之石屋"、"葦（苇）
原中国之平定"、"'天若日子'之派遣"、"'建御雷神'之派
遣"、"'大国主神'之让位"、"天孙降临"等神话中看到，共计
十三处。

4. 豊葦原千秋長五百秋水穂国（とよあしはらのちあきな

---

① 山口佳紀、神野志隆光校注、译：《古事記》新編日本古典文学全集1 [M]，小
　学館，1997 年：28 页。
② 山口佳紀、神野志隆光校注、译：《古事記》新編日本古典文学全集1 [M]，小
　学館，1997 年：32、34 页。
③ 山口佳紀、神野志隆光校注、译：《古事記》新編日本古典文学全集1 [M]，小
　学館，1997 年：46、48 页。

がいほあきのみづほのくに）――（《古事记》上卷之"苇原中
国之平定"段）"天照大御神之命以、豊葦原之千秋長五百秋之
水穂国者、我御子、正勝吾勝々速日天忍穂耳命之所レ知国、言
因賜而、天降也。於是、天忍穂耳命、於二天浮橋一多々志而、詔
之、豊葦原之千秋長五百秋之水穂国者、伊多久佐夜芸弖有那
理、告而、更還上、請二于天照大神一。"① ――这里的"豊葦原
之千秋長五百秋之水穂国（豊苇原千秋长五百秋水穂国）"可以
认为是人类生活的富饶之地。

5. 豊葦原水穂国（とよあしはらのみづほのくに）――
（《古事记》上卷之"天孙降临"段）"名天邇岐志国邇岐志、天
津日高日子番能邇々芸命、此子応レ降也。此御子者、御二合高木
神之女、万幡豊秋津師比売命一、生子、天火明命、次、日子番
能邇々芸命、二柱也。是以、随レ白之、科二詔日子番能邇々芸
命一、此豊葦原水穂国者、汝将レ知国言依賜。故、随レ命以可二天
降一。"② ――同上，这里的"豊葦原水穂国（豊苇原水穂国）"
也可以认为是人类生活的富饶之地。

6. 葦原色許男神（あしはらしこおのかみ）――作为神的
名字，我们可以在《古事记》上卷的"天照大神与须佐之男神之
须贺宫"一段的末尾看到。另外在"大国主神的根之坚州国访
问"段、"大国主神之国家创成"段中，作为"大国主神"的别
名，使用了"葦原色許男命（あしはらしこおのみこと）"的称

---

① 山口佳紀、神野志隆光校注、译：《古事記》新编日本古典文学全集 1 ［M］，小
　　学館，1997 年：98 页。
② 山口佳紀、神野志隆光校注、译：《古事記》新编日本古典文学全集 1 ［M］，小
　　学館，1997 年：112、114 页。

呼。——这两个神名的含义是，来自"葦（苇）原中国"的面目丑恶的男神，所谓"面目丑恶的"并非是贬义的，在日语中含有"健壮的"之意。①

（下面是在《日本书纪》中的相关内容。）

7. 可美葦牙彦舅尊（うましあしかびひこぢのみこと）——（《日本书纪》之卷第一神代上第一段"天地开辟"以及"三柱神"的正文段）"故曰、開闢之初、洲壤浮漂、譬猶﹦游魚之浮﹦水上﹣也。于ㇾ時天地之中生﹦一物﹣。状如﹦葦牙﹣、便化﹦為神﹣。号﹦国常立尊﹣。次国狭槌尊。次豊斟渟尊。凡三神矣。乾道独化。所以成﹦此純男﹣。""（同一书第二）一書曰、古国稚地稚之時、譬猶﹦浮膏﹣而漂蕩。于ㇾ時国中生ㇾ物。状如﹦葦牙之抽出﹣也。因ㇾ此有﹦化生之神﹣。号﹦可美葦牙彦舅尊﹣。""（同一书第三）一書曰、天地混成之時、始有﹦神人﹣焉。号﹦可美葦牙彦舅尊﹣。次国底立尊。""（同一书第五）一書曰、天地未ㇾ生之時、譬猶﹦海上浮雲無ㇾ所﹦根係﹣。其中生﹦一物﹣。如﹦葦牙之初生﹦埿中﹣也。便化﹦為人﹣。号﹦国常立尊﹣。""（同一书第六）一書曰、天地初判、有ㇾ物。若﹦葦牙﹣生﹦於空中﹣。因ㇾ此化神号﹦天常立尊﹣。次可美葦牙彦舅尊。②——这里的"葦（苇）"也可认为是生命力的象征。

8. 豊葦原千秋長五百秋瑞穂の地（とよあしはらのちあきながいほあきのみづほのくに）——在《日本书纪》之卷第一神

---

① "神（かみ）"和"命（みこと）"在使用上是有区别的，但因为"命（みこと）"也可以用于神，因此这里笔者都翻译成"神"。

② 小島憲之、直木孝次郎、西宮一民、蔵中進、毛利正守：《日本書紀》新編日本古典文学全集2［M］，小学館，1994年：18、20、22页。

代上第四段之"磤驭虑岛之圣婚和大八洲国的诞生"之一书第一和其第九段中可以看到。另外也可在"苇原中国的平定、皇孙降临与木花之开耶姬"之一书第一段中见到。——这里的"豊葦原千秋長五百秋瑞穂の地(豊苇原千秋长五百秋瑞穗之地)"可以认为是人类生活的富饶之地。

9. 葦船——请参照第一节"蛭子(ヒルコ)"诸说的最初部分。

10. 葦原中国(あしはらのなかつくに)——在《日本书纪》之卷第一神代上之第五段"天照大神、月夜见、素戋呜尊之诞生"的一书第十一;卷第一神代上之第六段"素戋呜尊与天照大神的誓约"之一书第三;卷第一神代上之第七段"素戋呜尊的乱行与被驱逐"之一书第三中都可见到。在《日本书纪》之卷第二神代下中"葦(苇)原中国"这一词出现在十六个地方。如,第九段的"苇原中国的平定、皇孙降临与木花之开耶姬"的正文;同一段的一书第一、一书第二等等。——这里的"葦(苇)原中国"代表了人类的居住之地。

11. 豊葦原中国(とよあしはらのなかつくに)——在《日本书纪》之卷第一神代上之第七段"素戋呜尊的乱行与被驱逐"之正文以及《日本书纪》之卷第二神代下第九段的"葦(苇)原中国的平定、皇孙降临与木花之开耶姬"之一书第一中可见到。——"豊葦原中国(豊苇原中国)"代表了人类的居住的富饶之地。

12. 葦原醜男(あしはらのしこお)——(《日本书纪》之卷第一神代上之第八段)"一書曰、大国主神、亦名=大物主神=、亦号=国作大己貴命=、亦曰=葦原醜男=、亦曰=八千戈神=、亦曰

$_=$大国玉神$_=$、亦曰$_=$显国玉神$_=$。"① ——来自"苇（苇）原中国"的面目丑恶的（健壮的）男神。

从以上这些用例来看，我们可以说，在《古事记》、《日本书纪》中用到的"苇（苇）"字大都与旺盛生命力或国土赞美有关。

第四节　关于"苇（苇）"的含义

首先让我们考察一下《古事记》、《日本书纪》以外，在日本"苇（苇）"有着怎样的机能。

1. 在《延喜式》卷十二中有"以$_=$桃弓、苇矢、桃杖$_-$、颁$_=$充傩人$_-$。"在其卷十六"阴阳寮"中有"凡追傩料。桃弓杖、苇矢令$_=$守辰丁造备$_-$。其矢料蒲苇各二荷。摄津国每年十二月上旬採送。"②

2. 中山太郎先生说："关于尾张海东郡岛町的天王祭祀（县社津岛神社），旧历的每年六月十四日是例行祭祀，在此祭祀中有个称为'芦苇放流'③ 的秘密仪式。数千根被束起来的'苇（苇）'作为平息疫病的祭神仪式的用具，把疫病之神托付于'苇（苇）'束流放其于河海。传说这些'苇（苇）'束顺着水流流经附着之处必定会发生疫病之灾。……同国爱知郡幡山村大字本地

---

① 小岛宪之、直木孝次郎、西宫一民、藏中进、毛利正守：《日本書纪》新编日本古典文学全集2［M］，小学馆，1994 年：18、20、22、102 页。

② 正宗敦夫：《延喜式》日本古典全集［M］，日本古典全集刊行会，1928 年：卷十二53 页，卷十六199 页。

③ 原文为"御蘆流し"。

的'御葦(苇)天王社'建于宽文十一年,社志记载,在津岛神社以及爱知郡户部天王社的六月祭祀时,虽然同样把'葦(苇)'束起来放流到海里,在'葦(苇)'随流驻足的地方人们会举行祭祀并把'葦(苇)'称为'御葦(苇)'①。……丰桥市横町的牛头天王社在六月晦日的被除祭礼中除了钻茅轮的仪式外,在拜神的殿堂里,把很多的'芒'切成二尺四五寸的样子,把'葦(苇)'绕在'芒'束的根部,绕到八九寸的程度,把下部弄整齐了,在'芒'束上附上纸做的人偶以及青、黄、赤色的币,加水在直径约一尺二三寸的盆中,令'苧麻'枝浮于水面,在盆的正中放入上述的'苇芒'制品后举行祭礼,半夜时把其和茅制的轮一起流放于丰川。在它们随流停驻的村子里,停驻之日的祭礼就像'日待'②的祭礼一样,清洁自己的身体、停止营业,从川中取来'苇芒'制品并把它放在土地守护神神社内的临时建造的宫里参拜。"③

3. 在《日本民俗语大辞典》关于"葦(苇)"的条目中写道,"从爱知县(尾张)津岛县的'御葭'祭祀仪式(用芦苇的叶子包好神符放流于川、放流芦苇茎干的祭神及被除恶疾的祭礼),以及把芦苇的茎当做稻的茎献给土地守护神或氏族神,在田地里立上三株芦苇茎预祝丰收的祭礼可知,人们信仰芦苇穗子的灵威,把它和海草编织成称为'尾花笠'的一种斗笠,由于在暴风雪中雪也不会附着在斗笠上,所以这种斗笠从在祭祀仪式中

---

① "御葦"是对"葦(苇)"的敬称。
② 民间集会活动的一种。人们从前夜开始清洁身体并戒斋,膜拜第二天的朝日。
③ 中山太郎:《日本民俗学辞典》[M],梧桐書院,1933年:41页。

被使用转到了实用上。"①

从引用来看，在日本的民俗信仰中，我们可以知道"葦（苇）"被用于放流于河海、祭神、被除恶疾、预祝丰收等仪式中。也就是说"葦（苇）"具有被除邪恶之物的机能，倒过来看也具有事前祝福的机能。

下面，让我们来考察一下在中国的神话和民俗中，"葦（苇）"具有怎样的机能。

1. 在《周礼》卷第五"春官宗伯"上记载有这样一句话，"凡丧事设苇席。"②

2.《诗经》中有诗"大雅行苇"

敦彼行苇，牛羊勿践履。

方苞方体，维叶泥泥。

戚戚兄弟，莫远具尔。

或肆之筵，或授之几。

肆筵设席，授几有缉御。

或献或酢，洗爵奠斝。

（丛生在路边的芦苇，不能让牛羊把它踩塌。

把根聚起把茎聚起，叶儿柔软繁茂生长。

有敬畏之心的恭敬的祭祀者们，都不远离祖灵而来到近旁。

铺好筵献上放供品的台。

用敬畏之心铺好了筵献上放供品的台。

向祖灵的尸献上酒，祖灵的尸回敬于我，洗净了爵把斝放在

①　石上堅：《日本民俗語大辞典》［M］，桜楓社，1983 年：36 页。
②　《周礼十二卷》，四部丛刊初编经部，上海商务印书馆缩印长沙叶氏藏明翻宋岳氏相台本：97 页。

一旁。)①

在新释漢文大系《诗经》里面，石川忠久先生说道："根据赤塚忠先生②的'恐怕是通过向祖先献上苇席之礼来送上祝福之歌吧'这一看法，那么'苇'是作为具有法力的降神之物，制作了篇中所言的'筵'和'席'吧。"③

3. 在《淮南子》"览冥训"中记有："往古之时，四极废，九州裂，天不兼覆，地不覆载，火爁炎而不灭，水浩洋而不息，猛兽食颛民，鸷鸟攫老弱。于是女娲炼五色石以补苍天，断鳌足以立四极，杀黑龙以济冀州，积芦灰以止淫水。"④

4. 在《淮南子》"诠言训"中记有，"席之先雚蕈、樽之上玄樽，俎之先生鱼，豆之先泰羹，此皆不快于耳目，不适于口腹，而先王贵之，先本而后末。"⑤

5. 焦赣在《易林》中写道："桃弓苇戟、除残去恶、敌人执服。"⑥

6. 《论衡》引《山海经》，"沧海之中，有度朔之山。上有大桃木，其屈蟠三千里，其枝间东北曰鬼门，万鬼所出入也。上有二神人，一曰神荼，一曰郁垒，主阅领万鬼。恶害之鬼，执以苇索而以食虎。于是黄帝乃作礼以时驱之，立大桃人，门户画神

---

① 笔者翻译自石川忠久先生的诗经译文。

② 著有《诗经研究》一书，收于《赤塚忠著作集》中。

③ 石川忠久：《詩经（下）》新釈漢文大系 [M]，明治書房，2000 年：140 – 142 页。

④ 张双棣：《淮南子校释》[M]，北京大学出版社，1997 年：678 页。

⑤ 张双棣：《淮南子校释》[M]，北京大学出版社，1997 年：1532 页。

⑥ 焦赣：《易林注十六卷》四部丛刊初编子部 [M]，上海商务印书馆缩印北京图书馆馆藏元本程蒋氏藏影元钞本：149 页。

茶、郁垒与虎，悬苇索以御。"①

7. 晋代崔豹之《古今注》"舆服第一"中写道，"辟恶车，秦制也。桃弓苇矢，所以袯除不祥。"②

8. 在《荆楚岁时记》中有这样的记载："帖画鸡，或斲镂五采及土鸡于户上。造桃板著户，谓之仙木。绘二神贴户左右，左神荼，右郁垒，俗谓之门神。（按庄周云：'有挂鸡于户，悬苇索于其上，插桃符于旁，百鬼畏之。'又魏时，人问议郎董勋云：'今正、腊月，门前作烟火，桃神，绞索松柏，杀鸡著门户，逐疫，礼欤？'勋答曰：'礼。十二月索室逐疫，衅门户，磔鸡。汉火行，故作火助行气。桃，鬼所恶，画作人首，可以有所收缚，不死之祥。'又桃者五行之精，能制百鬼，谓之仙木。《括地图》曰：'桃都山有大桃树，盘屈三千里。上有金鸡，日照则鸣。下有二神，一命郁，一命垒，并执苇索，以伺不祥之鬼，得则杀之。'即无神荼之名。应邵《风俗通》曰：'《黄帝书》称，上古之时，有神荼、郁垒兄弟二人，住度朔山上桃树下，简百鬼。鬼妄捐人，援以苇索，执以食虎。于是县官以腊除夕饰桃人，垂苇索，画虎于门，效前事也。'）"③

9.《荆楚岁时记》中另记有，"正月未日夜，芦苣火照井厕中，则百鬼走。"④

从中国的文献记载来看，自古以来"苇"就被关注，被利用。苇的灰是阻止洪水的神圣之物。"苇索"、"苇茭"能够捆绑

---

① 王充：《论衡》[M]，上海人民出版社，1974年：344页。

② 崔豹：《古今注》四部丛刊三编子部[M]，上海涌芬楼影印宋刊本：注上二。

③ 宗懔撰，宋金龙校注：《荆楚岁时记》[M]，山西人民出版社，1987年：4-5页。

④ 宗懔撰，宋金龙校注：《荆楚岁时记》[M]，山西人民出版社，1987年：28页。

恶鬼,吓阻恶灵。点燃用苇杆扎成的火炬可以驱赶百鬼,祓除不祥。用苇编制成的席子则用于祭祀。

考察的日本的例子与中国文献中所到见的"苇"的机能作一比较的话,我们可以看到共通点,即"苇"被用于祭神的仪式以及"苇"具有驱除邪气的机能。

在《古事记》和《日本书纪》中,我们就能看到"葦(苇)"象征着强大的生命力。不管是在《古事记》还是在《日本书纪》的记载中,天地初发之时,自然而然地生出如"苇芽"一般的东西,而后化为神。并且"葦(苇)"字被用于国名中,如"葦(苇)原中国"、"豊葦原千秋长五百秋水穗国(豊苇原千秋长五百秋水穗国)"。这些国名不正表示那是满溢着生命力的国土之意吗?由此,我们难道不可以这样认为,因为"葦(苇)"是强大生命力的象征,所以它被用于驱除邪气。

《风俗通》卷八"祀典"中关于"苇茭"有:"苇茭,传曰:'萑苇有藂。'吕氏春秋:'汤始得伊尹,被之于庙,薰以萑苇。'周礼:'卿大夫之子,名曰门子。'论语:'谁能出不由户。'故用苇者,欲人子孙蕃殖,不失其类,有如萑苇。茭者,交易,阴阳代兴也。"① 虽说,"茭者,交易,阴阳代兴也。"但,"萑苇有藂。""用苇者,欲人子孙蕃殖,不失其类,有如萑苇。"也不难让人想到"葦(苇)"同新生、再生有关联。这不由得让笔者联想起日本《古事记》上卷中"宇摩志阿斯訶备比古遅神(宇摩志阿斯诃备比古遲神)"和"豊葦原千秋长五百秋水穗国(豊苇原千秋长五百秋水穗国)"里的"葦(苇)"的含义。

---

① 应诏撰,王利器校注:《风俗通义校注》[M],中华书局,1981年:367–368页。

从象征的观点来看，"绿色的'苇'与再生之国的东方关联在一起。对古代墨西哥人而言，'苇'是肥沃、丰饶、富裕的象征。""在'神道'的神话中，从始原的水中生出的苇之芽表示了生命力的'显现'，相当于'莲'。"①

米歇尔·伊利亚德（Mircea Eliade）在其著作《大地、农耕、女性》中这样说道，"在水的寓意画里装饰着地下茎显现主题的相关神话，有描述梵天（Brahma）诞生的印度教圣典（Puranas）。这个神被称为是由莲而生，从毗湿奴（Vishnu）的脐中显现。……说到从水（或者说水之象征）中显现的'莲'（或者说地下茎）到底又象征着什么，那正是象征着宇宙的进程。水意味着无形、种子、被隐藏的力量，而花则象征着有形、宇宙的创造。水、雨以及丰饶之神的伐龙那（Varuna）原来就是生命之木的根、一切创造之源。"②

如果认同"从始原的水中生出的苇之芽表示了生命力的'显现'，相当于'莲'。"这样的观点的话，那么可以说"苇"与"莲"具有共通性。反过来，"莲"象征着创造、丰饶的话，那么是否可以这样考虑，"苇"也具有创造、丰饶的象征机能呢？

《诗经》中有"山有扶苏（郑风)"、"泽陂（陈风)"。

山有扶苏：

山有扶苏，隰有荷华。不见子都，乃见狂且。

山有桥松，隰有游龙。不见子充，乃见狡童。

---

① ジャン・シュヴァリエ　アラン・ゲールブラン：《世界シンボル大事典》［M］，金光仁三郎、熊沢一衛、小井戸光彦、白井泰隆、山下誠、山辺雅彦，译，大修館書店，1996：15 页。

② ミルチャー・エリアーデ：《大地・農耕・女性》［M］，堀一郎，译，未来社，1998 年：149 页。

（山上有桑树，隰里有荷花，没见到好子都，偏偏见到了这狂徒。

山上有高高的松树，隰里长满了蓼草，没见到好子充，偏偏见到了这狡童。)①

在解释"山有扶苏，隰有荷华。"这一句时，石川忠久先生说："'扶苏'在毛传、集传中是'扶胥'、'小木'，虽说可以认为是茂盛生长的低木，但在这里应该是一种具体的树木的名称。马瑞辰说'扶苏'也为'扶疏'，通'蒲苏'，认为是桑树。'荷花'即是莲花。'山有……，隰有……'这种表达方式可以参照邶风之'简兮'。此表现意味着理想的男女婚配。"②

泽陂：

彼泽之陂，有蒲与荷。有美一人，伤如之何？寤寐无为，涕泗滂沱。

彼泽之陂，有蒲与蕑。有美一人，硕大且卷。寤寐无为，中心悁悁。

彼泽之陂，有蒲菡萏。有美一人，硕大且俨。寤寐无为，辗转伏枕。

（香蒲与荷花，长在池沼堤岸旁。美貌的人儿呀，翻来覆去地想他又能怎样？醒来睡去都没办法，泪儿满面流。

香蒲与兰花，长在池沼堤岸旁。美貌的人儿呀，高大健壮发儿美。醒来睡去都没办法，愁闷在心里。

香蒲与莲花，长在池沼堤岸旁。美貌的人儿呀，高大健壮又

---

① 笔者参考多种版本后的译文。
② 石川忠久：《詩経（上）》新釈漢文大系 [M]，明治书房，1997 年：227 页。

庄重。醒来睡去都没办法，埋颜在枕中。)①

石川忠久先生在余论中说道："诗中所描绘的地方是作为得天独厚，水源充足的富饶之地而被看作神圣之处的，群生的植物即是丰饶的象征，同时又是居住在那里的水神所依附之物。比如，秦风之'蒹葭'篇中的'蒹葭'，大雅生民之什'行苇'篇里的'苇'，明显是具有神之依附物性质的东西。由此可见，本篇中所见的'蒲'、'荷'、'蕳'、'菡萏'等也是湿地之水神所依附的具有法力的植物。"②

"苇"与"莲"都有共通的繁殖、丰饶等含义。从这些含义上来看，是否可以说"苇"就象征着强大的生命力呢？在这里把"苇"与"莲"的植物特征也比较一下。从两者的植物特征来看，"苇"是丛生的湿地植物，而"莲"也丛生在池沼、水田等湿地中。两者的共通点是都为丛生的水生植物。

根据迄今考察之所得，我们可以认为"苇"是生命力很强的植物，具有驱除邪气的机能，并含有繁殖、丰饶的象征意义。

第五节 关于船的含义

实际上要考虑船的含义则必须和水一起来考察。关于水的象征意义，米歇尔·伊利亚德（Mircea Eliade）这样说道："水象征着全部的可能性，是一切可能的存在的根源（fons et origo），是储藏用的容器。水立于任何形态之先，背负着创造一切的重任。

---

① 笔者参考多种版本后的译文。

② 石川忠久：《詩経（上）》新釈漢文大系［M］，明治書房，1997年：90页。

关于创造的一个原型是大水之中一个岛突然显现。反过来说，沉入水中象征着回归于无形，回到存在以前的未分化的状态中去。浮上水面是再现了宇宙创造形成的行为，没入水中则意味着形态的分解。因此水的象征意义包含了死与再生。"① 如果认同他的观点，我们可以知道水既象征着死也象征着创造再生。

了解了水的象征意义之后，接下来看一下船的含义。

在日本的神话与民俗中，"空船"② 经常被论及。柳田国男先生说："'空船'本是把木头挖一个空洞所制作成的船，即是今日意味着'刳船'或'丸木船'③ 的日语词汇，但当'空船'完全只用在渡海而来的神人故事中时，逐渐的，在我国很多人把它想象成拥有一种别样盖子的防水的，为了密封而涂抹好隙缝的潜水艇式的东西。最早的记录是'少彦名神'④ 的白蔹皮的小船，其过于譬喻了，难以了解它的真正含义。在'大隅正八幡'的古传中，从前唐土的王女'大比留女'七岁时生下了一个不知其父的孩子，母子一起被放在'空船'中流放于海，漂流至日本九州的南海岸，被称为'八幡神'，漂流停驻之地称为'八幡崎'。与此同系统的传说以'伊豫国'⑤ 为始，在内海周边的古社旧家中保存着。后世这个传说或许成了神灵渡来说的一个样式了，与'八幡母子神'完全无关的情况下的传说也以'空船'的神奇瑞相为

---

① ミルチャー・エリアーデ：《聖と俗》［M］，風間敏夫，译，法政大学出版局，1969 年：121 页。

② 日语原文为"うつぼ船"。

③ "刳船"、"丸木船"就是在一根粗大的圆木上刳出一个空洞制成的独木舟。

④ "少彦名神"是《日本书纪》中的表记，与此相当，《古事记》中为"少名毗古那神"意为"身形很小的男子"。

⑤ 日本古代令制国的一个，伊予国、予州，相当于现在爱媛县的全域。

中心的居多。……关于'空船'之想象的最初因缘是渡海而来的新罗的瓠公物语，或者就像在日本的旧话之'瓜子姬'中见到的一样，在水中的葫芦确实有不易发现却很能漂浮的性质，这样的观察试验我也参加了，但更重要的是'小子（ちひさご）'信仰，即，原先人们只认同在普通的人类中所见不到的形态很小而同时又能急剧成长的某一种特别的神人亦或英雄为'小子（ちひさご）'，到了后世由于遗忘，虽然已经不解其中的感动之处，但人们认为从前神人进入如此细小的容器中渡来这一点或许具有很大的意义。"①

　　其次，关于船的含义，笔者还想引用下面二位先生的观点。

　　松前健先生在"自然神话论"一文中说道："在太平洋诸岛屿中，太阳信仰和船葬的结合，分布在印度尼西亚、美拉尼西亚、波利尼西亚、密克罗尼西亚等地。……关于太阳的象征、船的漂流谭等等事项，在日本可以被联想到的就是所谓'空穗船'漂流谭。受到王者或周围人们的憎恶，贵人之子被放入小船、棺或箱子中流放这样的故事，在世界的广大范围内被流传着，而这些故事也多与太阳神或者太阳神之子有着关联。……流放太阳之子的容器也还是与此相同，恐怕是和放入足以象征日神的具有法力之物然后置于水上漂浮的迎送仪式有关的吧。"② 另外，他还说道："在《住吉大神神代记》中，记载着'船木连'③之祖'大

---

① 柳田國男：《柳田國男集》第二十六卷 ［M］，筑摩書房，1970 年：280 – 281 页。

② 松前健：《松前健著作集》第十一卷 ［M］，（株）おうふう，1999 年：30、38、39 页。

③ "连"日语写为"連"，训读为"むらじ"，是构成大和政权的豪族的"姓（かばね）"之一，位列"八色（やくさ）"姓之第七位（684 年）。

田田命'让日神坐在船上带来大八洲①的神话，更是作为是其后代的证据，记录着某个皇子的坟墓中，收有当时'大田田命'制作的岩石船这样的事。从这个传说来看，我们了解到日神之船与古代贵人的坟墓、死者的祭祀等有关。"②

　　松本信广先生说："与其说把船顺水流放是舍弃掉不再使用了，不如可以解释为使神的乘坐之物与神合一这一宗教上的含义。"③另外在其著书《日本神话的研究》中写道，"古代人相信在魂归之乡和这个现世之间有着滔滔大水形成的边界。如同把死者放入船中一样，在出产即灵魂的转生之际，人们相信新的灵魂是越过水之境漂浮着渡来这样的事情的吧。在船里日神渡海而来降临到这片土地的思想也同把生下的孩子放入空船中放流于海一样，其中包含着通过渡水这一行为，获得不再和现今生活有任何关联的转世新生的意思，这难道不是包含着古代诞生仪式的痕迹吗？"④

总　结

　　从先行研究来看，"空船（うつぼ船）"是"普通的人类中所见不到的形态很小而同时能够急剧成长的某一种特别的神人亦或英雄"所乘坐的东西。另外它还与"古代贵人的坟墓、死者的

① 指日本国土。
② 松前健：《松前健著作集》第十二卷［M］，（株）おうふう，1998年：60页。
③ 松本信广：《日本の神話》［M］，至文堂，1956年：30页。
④ 松本信广：《日本神話の研究》［M］，平凡社，1971年：207页。

祭祀等有关"。乘坐"空船（うつぼ船）"，"通过渡水这一行为，获得不再和现今生活有任何关联的转世新生"。

　　基督教里，把船看成巨大的空洞并不合适，不如想成生命循环的场所，天赐的信仰生活的场所较为妥当。关于船的象征意义，可以和收纳众多杂物的壶相比较，并与承担着生命的女性的子宫有着共通性。①

　　米歇尔·伊利亚德（Mircea Eliade）在其著作《大地、农耕、女性》中写道，"我们要注意到，在如今，单纯文化民族中还保存着生下孩子后立即用襁褓裹起，用药草、嫩绿的小枝还有稻草搓擦这一习俗。这包含了和力量与生命的体现者直接的接触对新生儿是绝好的事情这种意义，除此之外，没有别的意思了。原始的摇篮是由绿色的枝条或麦穗制成的。古希腊神话中的酒神狄俄尼索斯（Dionysus）和所有的古希腊出生的孩子一样，生下来后马上被放置在摇篮（liknon）中，并把收获的初结的稻穗运来也放入摇篮里。与此相同的习俗在现在的印度还有其他一些地方都有。这种礼节是颇为古老的。在苏美尔（Sumer）的赞歌中说道，坦姆斯（Tammuz）出生的时候，把他放置在用于从田地采集谷物的篮子中。把生病的孩子放置在树木的空洞里这样的行为也意味着新生、再生之意。……多产植物和药草同样，新生、再生的效能是基于此相同的原理的。也就是说在植物之中具体体现了生命与力量。"②

---

① ジャン・シュヴァリエ アラン・ゲールブラン：《世界シンボル大事典》［M］，金光仁三郎、熊沢一衛、小井戸光彦、白井泰隆、山下誠、山辺雅彦，译，大修館書店，1996 年：854 頁。
② ミルチャー・エリアーデ：《大地・農耕・女性》［M］，堀一郎，译，未来社，1968 年：182－183 頁。

"葦（苇）"正是丛生的具有强大生命力的多产植物。像前面叙述的，它具有繁殖、丰饶的象征意义。让"蛭子（ヒルコ）"乘坐在含有这样意义的"葦（苇）"制作而成的船上放流、难道不是意味着通过直接和力量与生命的体现者"葦（苇）"接触，使得"蛭子（ヒルコ）"能新生、再生为一个健康的孩子吗？

上述的看法是"把'水蛭子'放入苇船放流"这一神话的一个解释。但是，因为"苇"是具有强大生命力的植物，不能忘了它具有的驱除邪气的机能。把残疾的"蛭子（ヒルコ）"放置在具有的驱除邪气机能的"葦（苇）"所制造的船上，或许意味着用"葦（苇）"把有邪气的孩子包围起来，通过放流于水，彻底地舍弃这样的孩子。拙见以为这是该神话的第二个可能的解释。

按照笔者所考虑的，一方面，可以从古代巫呪性质的角度来看，把"蛭子（ヒルコ）"看成邪恶的孩子，用苇船彻底的舍弃。另一方面，从父母对孩子的情感出发，神话表现出了让"蛭子（ヒルコ）"与生命力的体现者"葦（苇）"直接接触，通过船的放流，在另外一个世界里，使得"蛭子（ヒルコ）"能作为一个健康的孩子转生的殷切愿望。笔者觉得应该看到用葦（苇）船放流这一行为所具有的二重性质。

第二章　中国古代文献中的数字"三"的意义、机能与日本创世神话

　　在《周礼》中，如"三酒、三德、三行、三鼓、三阕、车三发、徒三刺"等由三个互有关联的次级事物组成一个主事物的全貌或者以三个阶段组成事物进行的一个完整行为的表现有很多。

　　在《尚书》"尧典"中，有"三载考绩，三考，黜陟幽明，庶绩咸熙。"①（三年一次考察成绩，考察三次，黜退昏愚的官员，晋升贤明的官员，所以国家百业兴盛。）这里的"三载"的"三"表示了进行一件事情所需的一个时间段或频率，"三考"的"三"则表示了完成一件事情所需的阶段或次数。

　　《诗经》的"小雅无羊"中的"谁谓尔无羊，三百维群。"②（谁说你没有羊呀，明明有三百头羊的羊群呀。）也是同样，"三百"既表示了数量的多，也是作为一个数量单位来表现的。

　　在《逸周书》"武顺解"里有"人有中，曰参，无中曰两，

① 孔安国传，孔颖达疏：《尚书正义》（十三经注疏）［M］，北京大学出版社：98 - 99 页；池田末利：《尚書》全釈漢文大系［M］，集英社，1976 年：83 页。
② 程俊英、蒋见元：《诗经注析》（中国古典文学基本丛书）［M］，中华书局，1991 年：549 - 550 页；福本郁子：《詩経（中）》新釈漢文大系［M］，明治書院，1998 年：294 页。

两争曰弱，参和曰强。男生而成三，女生而成两。"① （如果人体中中间有的则叫作"三"，人体中中间没有的则叫作"两"。"两"会互相争斗所以力量弱，"三"会相互调和所以力量强。男的生来为三，女的生来为二。）我们可以理解为"参（三）"指阴阳调和，而"两（二）"即指阴阳相对，但我们也可以看到男性与"三"对应，女性与"二"对应。"三"为阳数（奇数），"二"为阴数（偶数），也可以看作阴阳同男女关联在一起吧。

中国神话中也能看到很多含有数字"三"的记载。稍举数例。比如《山海经》中有"昆仑南渊深三百仞。开明兽身大类虎而九首，皆人面，东向立昆仑上。"②"大荒之中，有山名曰孽摇頵羝，上有扶木，柱三百里，其叶如芥。有谷曰温源谷，汤谷上有扶木。一日方至，一日方出，皆载于乌。"③"东北海之外，大荒之中，河水之间，附禺之山，帝颛顼与九嫔葬焉。……丘方圆三百里，丘南帝俊竹林在焉，大可为舟。"④ 等等，这些与神灵世界的范围有关吧。另外，如"服常树，其上有三头人，伺琅玕树。"⑤"西王母梯几而戴胜杖，其南有三青鸟，为西王母取食。在昆仑虚北。"⑥"大荒之中，有山名曰大荒之山，日月所入。有人焉三面，是颛顼之子，三面一臂，三面之人不死，是谓大荒之野。"⑦《后汉书》"南蛮西南夷列传"里的"夜郎者，初有女子

---

① 黄怀信、张懋镕、田旭东撰，李学勤审定：《逸周书汇校集注》[M]，上海古籍出版社，1995年：328－329页。
② 袁珂：《山海经校注》[M]，上海古籍出版社，1980年：298页。
③ 袁珂：《山海经校注》[M]，上海古籍出版社，1980年：354页。
④ 袁珂：《山海经校注》[M]，上海古籍出版社，1980年：419页。
⑤ 袁珂：《山海经校注》[M]，上海古籍出版社，1980年：302页。
⑥ 袁珂：《山海经校注》[M]，上海古籍出版社，1980年：306页。
⑦ 袁珂：《山海经校注》[M]，上海古籍出版社，1980年：413页。

浣于遯水，有三节大竹流入足闲，闻其中有号声，剖竹视之，得一男儿，归而养之。及长，有才武，自立为夜郎侯，以竹为姓。武帝元鼎六年，平南夷，为牂柯郡，夜郎侯迎降，天子赐其王印绶。后遂杀之。夷獠咸以竹王非血气所生，甚重之，求为立后。牂柯太守霸以闻，天子乃封其三子为侯。死，配食其父。今夜郎县有竹王三郎神是也。"① 等等，像这样把"三"作为一个特别的神圣之数来看待的也为数不少。

在本章中，通过对中国古代文献的考察，明确"三"这个数字在中国古代究竟有着怎样的含义，起着怎样的机能，在此基础上试着同日本神话，特别是创世神话进行比较。这里说的古代中国指的是从春秋战国到汉代为止的年代，这些时代是日本神话成立之前的年代，是可能对日本神话产生影响的年代。

下面以"三"所代表的不同含义分节讨论，最后考察其与日本创世神话的关系。

第一节　表示"天、地、人"的"三"

在中国古代文献中我们可以看到"三"与"天、地、人"的关联。

《周易》中有"三极"、"三材"等词，即表示了"天、地、人"。《说文解字》中有："三，数名。天地人之道也。于文一耦二为三成数也。凡三之属皆从三。"② 这里的"三"也与"天、

① 范晔：《后汉书》[M]，中华书局，1965年：2844页。
② 许慎撰，段玉裁注：《说文解字注》[M]，上海古籍出版社，1981年。

地、人"有关。

《潜夫论》"本训"中有："是故天本诸阳，地本诸阴，人本中和。三才异务，相待而成，各循其道，和气乃臻，玑衡乃平。"① 说到了天与阳，地与阴，人与和的关系，三才即指"天、地、人"。

《春秋繁露》"官制象天"中写道："何谓天之大经。三起而成日，三日而成规，三旬而成月，三月而成时，三时而成功。寒暑与和，三而成物。日月与星，三而成光。天地与人，三而成德。由此观之，三而一成，天之大经也，以此为天制。是故礼三让而成一节，官三人而成一选。"② 这里表明的观点是，通过三个事物或者三个阶段，才能够完成一项事业、一个功绩，因此"三"体现了天的最大的原则。"天地与人，三而成德。"意味着"天、地、人"相合而成德。与此相关，"官制象天"中这样写道，"古之造文者，三书而连其中，谓之王。三书者，天地与人也，而连其中者，通其道也。取天地与人之中以为贯而参通之，非王者孰能当是。"③ 文意是指汉字的"王"的三横画代表了"天、地、人"，正中间的一竖表示了贯穿"天、地、人"，即是说，"王"字体现了王者应是通晓"天、地、人"之道的有德之人的趣旨。

在继承了《春秋繁露》思想的《白虎通义》中有，"天道莫不成于三。天有三光，日、月、星。地有三形，高、下、平。人有三尊，君、父、师。……天有三光然后而能遍照，各自有三

---

① 王符撰：《潜夫论》（四部丛刊）[M]，江南图书馆藏述古堂景宋精写本。
② 董仲舒撰，凌曙注：《春秋繁露》[M]，中华书局，1975年：266页。
③ 董仲舒撰，凌曙注：《春秋繁露》[M]，中华书局，1975年：401页。

法，物成于三。有始、有中、有终，明天道而终之也。"① 天道总是倚"三"而成就。天有了"日、月、星"可以使得光明遍照天下，地有"高、下、平"可以成就地之形，人因为有了"君、父、师"所以才能成为真正的人。事物总是倚"三"而成。事物的发展有开始，有中间，有结束三个阶段，了解天之道才能完成一件功绩。这里我们看到的"莫不成于三"的天道首先就指向了"天、地、人"之道。

第二节　表示"日、月、星"的"三"

在中国古代文献中我们还可以看到"三"表示"日、月、星"。

在《管子》"四时"中有："日掌阳，月掌阴，星掌和，阳为德，阴为刑，和为事，是故日食，则失德之国恶。月食，则失刑之国恶之。彗星见，则失和之国恶之。"② 这里写日掌管着阳，月掌管着阴而岁星掌管着和，阳体现于有德，阴体现在刑罚，和体现在政事。失去道德的国家厌恶日食的出现，失去适当刑罚的国家厌恶月食的出现，而政治不调和的国家则厌恶彗星的出现。反过来说，即日食会出现在失去道德的国家，月食会出现在失去适当刑罚的国家，彗星会出现在政治不调和的国家。

---

① 陈立撰，吴则虞点校：《白虎通疏证》（新编诸子集成）[M]，中华书局，131 页。
② 黎翔凤撰，梁运华整理：《管子校注》（新编诸子集成）[M]，中华书局，2004年：855 页。

在《说文解字》中，关于"示"字是这样注解的。"示。天垂象，见吉凶，所以示人也。从二，三垂，日月星也。观乎天文，以察时变。示，神事也。凡示之属皆从示。"①"从二，三垂，日月星也。观乎天文，以察时变。示，神事也。凡示之属皆从示。"意味着上天通过日食、月食、彗星等的异变向人们显示凶与吉。"从二，三垂"讲的是"示"字的成立。"从二"说的是，"示"字上部的"二"，在古文中表示的是"上"的意思，"三垂"则是"示"字下半部的"小"，指的是垂示的"日、月、星"之三光。也就是说，"示"的字形表示了上天通过垂示"日、月、星"之三光来向人们告知凶与吉这个意思，所以"示"字含有说明、告知某事的意思。从"示"字的字形含义中，我们明确地知道"三"指的是"日、月、星"。

第三节　表示万物起始的"三"

《道德经》中有："道生一，一生二，二生三，三生万物。万物负阴而抱阳，冲气以为和。"② 这里写的是，由"三"而生出万物。

类似的语句我们也可以在《淮南子》"天文训"中看到，其有"道曰规，道始于一，一而不生，故分而为阴阳，阴阳合和而万物生。故曰一生二，二生三，三生万物。天地三月而为一时，

---

① 许慎撰，段玉裁注：《说文解字注》［M］，上海古籍出版社，1981 年：10 页。
② 朱谦之撰：《老子校释》（新编诸子集成）［M］，中华书局，1984 年：174 -175 页。

故祭祀三饭以为礼，丧纪三踊以为节，兵重三军以为制。"① 说的是，道虽然是从"一"开始，但"一"是什么都不会生产的一种状态，从"一"这一状态分开有了阴阳，即从"一"到"二"，然后通过"三"即阴阳和合而产生出万物。就是说万物是由"三"所象征的状态开始产生的。另外，文中提到的"天地三月而为一时"说的是以三个月为一单位，把一年的时光分为春、夏、秋、冬四个阶段，后面三句则讲了以"三"为节而施行的重要的祭祀礼仪、葬礼以及军事制度的事例。

第四节　"三"与"天"的关联

在《周易》"说卦"中有："昔者圣人之作《易》也，幽赞于神明而生蓍，参天两地而倚数，观变于阴阳而立卦，发挥于刚柔而生爻，和顺于道德而理于义，穷理尽性以至于命。"②

关于"参天两地而倚数"这一句，本田济先生在其著书《易》中是这样说明的，"这里的'参'与'两'既含有天地并列之意，也包含了三、二的数字意义。唐代的孔颖达说，'三'是奇数（天之数）的代表，'二'是偶数（地之数）的代表，之所以没有把'一'作为奇数的代表，是因为天之德已经包含了地之德的缘故，就是说'一'含'二'而成'三'。对此说法朱子这样说到，天为圆形，而地是正方形的。因为圆周为直径的三

---

① 何宁撰：《淮南子集释》（新编诸子集成）[M]，中华书局，1998年：244 –260页。

② 朱熹：《易经本义》（朱子全书）[M]，上海古籍出版社，2002年：153页。

倍，所以天之数是三。正方形的周长是一条边长的四倍，因为四是二的两倍，所以地之数是二。圣人以'三'为天之数，以'二'为地之数，并以此为据，推衍了立卦所必需的七（少阳）、八（少阴）、九（老阳）、六（老阴）之数。'倚数'的意思是，让所有的数依存于三和二。七是两个二加上一个三，八是两个三加上一个二，九是三个三，六是三个二。"[①] 按照上述的说法，"三"即为天之数。

以上，以中国古典为资料，考察了数字"三"所具有的意义和机能。根据考察所得，可以知道数字"三"在中国的古代哲理上具有重要的机能，也是生成万物之数。根据中国汉代及更早时代与哲理相关的含有"三"的事例来看，"三"同"天、地、人"、"日、月、星"有着关联，并代表着完成一个事业、一个功绩的天的最大原则。另外，我们也能看到事物的进行以"三"为节，在表示事物数量单位时出现的"三"等等。在神话、民俗中，数字"三"相关的记载不在少数，并具有特别的含义。在日本的神话与民俗中，与"三"相关的记载也不少。为此，下面让我们来考察一下日本神话中的"三"的含义。

第五节　日本创世神话中的"三"

《古事记》的起首部分这样写道："天地初発之時、於=高天原−成神名、天之御中主神。次、高御産巣日神。次、神産巣日

---

① 本田済：《易》[M]，朝日新聞社，1966 年：564 頁。

神。此三柱神者、並独神成坐而、隠ㇾ身也。"①

在天地起始之时，在"高天原"出现了"天之御中主神、高御产巢日神（高御产巢日神）、神产巢日神（神产巢日神）"的"三柱神（三位神灵）"。为什么最初诞生的是"三柱神（三位神灵）"呢？笔者觉得这里的"三"是值得注意的地方。

在《古事记》的序文中有这样的记叙："乾坤初分、参神作造化之首ー。陰陽斯開、二霊為ㇾ群品之祖ー。"（乾坤初分，三神作造化之首。阴阳斯开，二灵为群品之祖。）我们可以看到"参神作造化之首（三神作造化之首）"这一表现。山口佳纪、神野志隆光两先生是这样来读解的，"参（み）はしらの神（かみ）造化（よろづのもの）の首（はじめ）と作（な）れり"②，那正是"三神为万物之始"的意思。

如第三节所陈述的，在中国，有《道德经》的"道生一，一生二，二生三，三生万物。"有《淮南子》"天文训"的"三生万物"，不管是哪一个，说的都是"由'三'而生出万物"的意思。那么《古事记》起首部分的"三柱神"即"三神"作造化之首与中国的"三生万物"无疑是同轨之车。

关于《古事记》起首部分的"三柱神（三位神灵）"，白鸟库吉先生这样说道，"《古事记》首先列举了造化三神，而后又加上二神，把这五神称之为'别天神（别天神）'③，从数词的用法来看也可以看作是我国的思想，但是在五神之后，又出现了'七

---

① 山口佳紀、神野志隆光校注、译:《古事記》新编日本古典文学全集 1 [M]，小学館，1997 年：28 页。

② 山口佳紀、神野志隆光校注、译:《古事記》新编日本古典文学全集 1 [M]，小学館，1997 年：17 页。

③ 指的是"特别的天神"之意。

代'这一说法，这样来考虑的话，在讲述天地起始的神话中最先写出来的数字三与五同最后出现的数字七相辅相成，除了是为表现出七、五、三这一汉民族的阳数观念的分类法，此外我无法考虑别的理由。"①

小岛宪之先生指出："三神终究与'宇麻志阿斯訶備比古遲神（宇麻志阿斯诃备比古迟神）'、'天之常立神'一起成为五神，成为'别天神（别天神）'，这里的数字三与五立即让人联想起了'三皇五帝'。"②

白鸟库吉先生的观点中讲到日本神话是受到了中国的阳数观念的影响，这一点笔者是赞成的，但是他没有指出"三"表现了产生万物的力量。

小岛宪之先生说他联想到了中国的"三皇五帝"，但还是没有指出"三神"含有"造化之首"的含义。

笔者还是觉得"三生万物"这一点至关重要，难道不正是这个"三"的含义最为强烈地反映在了日本的神话中吗？

再者，如第一节指出的，在《春秋繁露》"官制象天"中有"何谓天之大经。三起而成日，三日而成规，三旬而成月，三月而成时，三时而成功。寒暑与和，三而成物。日月与星，三而成光。天地与人，三而成德。由此观之，三而一成，天之大经也，以此为天制。是故礼三让而成一节，官三人而成一选。"即表明由三个事物或者三个阶段，才能够完成一项事业、一个功绩，因此"三"体现了天的最大的原则。

---

① 白鳥庫吉：《神代史の新研究》[M]，岩波書店，1954 年：25 页。
② 小岛宪之：《中国文学·書紀文学と古事記》，《古事記大成》文学篇 [M]，平凡社，1957 年：69 页。

如果把这一观点适用于日本神话的话，“天之御中主神、高御産巣日神（高御产巢日神）、神産巣日神（神产巢日神）”的“三柱神（三位神灵）”可以相当于三个事物，由“三柱神（三位神灵）”而生成万物则相当于通过“三柱神（三位神灵）”才能够完成一项事业、一个功绩。

还有，如第二节中我们所讲的，“三”可以表示“日、月、星”，如第四节中所陈述的，“三”与天也有着关联。

以这两点和日本神话做一比较的话，《古事记》起首部分神话中，首先生成的“造化三神”中，“天之御中主神”自古以来在日本就被认为是北极星的神格化。而，“高御産巣日神（高御产巢日神）”是天皇家族的祖先神，被认为具有太阳神的性质。“神産巣日神（神产巢日神）”是否具有月神的性质，我们虽然无从明确得知，但学者们指出月亮同丰饶有关这一点，在世界的很多神话中都是共通的，而在日本神话中“神産巣日神（神产巢日神）”正是与丰饶有关的神。另外，生成“造化三神”的场所为“高天原”，其正是天上世界。

由此，笔者认为在《古事记》起首部分神话里的“三”，难道不正是继承了中国古代文献里所见到的“三”的特性与机能吗？

另一方面，在《日本书纪》的正文部分有这样的描写。

“于レ時天地之中生二一物一。状如二葦芽一、便化二為神一。号二国常立尊一。次国狭槌尊。次豊斟渟尊。凡三神矣。”①

虽然在《日本书纪》正文中，与《古事记》中的最初三神不

① 角川文雄：《日本書紀神代卷全注釈》[M]，塙書房，1999年：42页。

同,为"国常立尊、国狭槌尊、豊斟渟尊",但是最初生成的神是三神这一点是一致的。在这一点上,《日本书纪》也可能继承了中国古代文献里所见到的"三"的特性与机能。但是关于在《日本书纪》正文中神是诞生于"天地之中"而非纯粹的天上世界这一点确实有点问题。可是,《日本书纪》的正文、一书第一、一书第二、一书第六都为三神,一书第三为二神,一书第四为五神(二神加上三神),一书第五为一神,虽说神的数量并不整齐划一,但是记述为三神的确为多数。

与《古事记》同样出现"天御中主尊(这里是《日本书纪》里的表记法,即《古事记》中的天之御中主神。)"的是在《日本书纪》的一书第四中。其是这样记载的:

"天地初判、始有俱生之神、号国常立尊、次国狭槌尊。又曰、高天原所生神、名曰天御中主尊。次高皇産霊尊。次神皇産霊尊。"①

也就是说,如果限定在称为"高天原"这个天上世界里所生成的神明的话,毕竟还是三神,在这里确能找到"天"与"三"的联系。

总　结

如考察所示,中国古代文献中所见到的"三"表示了"天、地、人"、"日、月、星",另外同"天"也有关联,并意味着

---

①　角川文雄:《日本書紀神代卷全注釈》[M],塙書房,1999年:58页。

"万物之始"。笔者认为中国古代文献中的"三"的含义与机能，并不仅仅限于中国，我们也可以在处于古代中国文化圈之中的古代日本的神话中见到，特别是《古事记》起首部分（序文、本文）中最初的神的数为"参神（三神）、三柱（三位）"，以及神灵生成于称之为"高天原"的天上世界，由此日本神话很可能继承了"三"同"天"相关联的，以及"三"为"万物之始"的中国古代的数字观念。

第三章 "伊耶那岐命" 投出三枚桃实之缘由分析

　　《古事记》的"黄泉国"神话中，有以下记载。

　　"是に、其の妹伊耶那美命を相見むと欲ひて、黄泉国に追ひ往きき。……伊耶那美命……、うじたかれころろきて、……八くさの雷の神、成り居りき。

　　是に、伊耶那岐命、見畏みて逃げ還る時に、其の妹伊耶那美命の言はく、「吾に辱を見しめつ」といひて、即ち予母都志許売を遣して、追はしめき。爾くして、伊耶那岐命、黒き御蘰を取りて投げ棄つるに、乃ち蒲子生りき。是を摭ひ食む間に、逃げ行きき。猶追ひき、亦、其の右の御みづらに刺せる湯津々間櫛を引き闕きて投げ棄つるに、乃ち笋生りき。是を抜き食む間に、逃げ行きき。且、後には、其の八くさの雷の神に、千五百の黄泉軍を副えて追はしめき。爾くして、御佩かしせる十拳の剣を抜きて、後手にふきつつ、逃げ来つ。猶追ひき、黄泉ひら坂の坂本に到りし時に、其の坂本に在る桃子を三箇を取りて待ち撃ちしかば、悉く坂を返りき。爾くして、伊耶那岐命、桃子に告らさく、「汝、吾を助けしが如く、葦原中国に所有る、

・78・

うつしき青人草の、苦しき瀬に落ちて患へ惚む時に、助くべ
し」と告らし、名を賜ひて意富加牟豆美命と号けき。"①

（"伊耶那岐命"想见妻子"伊耶那
美命"，追随着"伊耶那
美命"的足迹到了黄泉国。……"伊耶那美命"的身上爬满了翻
滚蠢动的蛆……其身体生成了八种的雷神。

　　"伊耶那岐命"见到了"伊耶那美命"的形体后十分恐惧，
从黄泉国逃走之时，"伊耶那美命"说"你羞辱了我。"立即派出
了黄泉国丑女，令她追赶"伊耶那岐命"。于是，"伊耶那岐命"
取下了假发丢了出去，它马上变成了山葡萄的果实。趁着黄泉国
丑女把它们捡起来吃食的时候，"伊耶那岐命"赶紧逃跑。但是
黄泉国丑女又追了上来。"伊耶那岐命"折断了插在右边"耳
鬘"② 上的神圣木梳的木齿丢了出去，它马上变成了竹笋生在地
上。趁着黄泉国丑女把它们拔起来吃食的时候，"伊耶那岐命"
又赶紧逃跑。此时"伊耶那美命"又令八种的雷神带着黄泉大军
追赶了过来。于是，"伊耶那岐命"拔出腰间配戴的十拳剑，一
边在身后舞动③，一边逃跑。雷神们还是追了上来。"伊耶那岐
命"来到了黄泉国平坦的斜坡④后，取了生长在此斜坡的坡底处
的桃树的三个果实向着追来的鬼怪们迎击投掷出去，雷神们悉数
逃归。于是，"伊耶那岐命"对桃实说，"就像你帮助我一样，当

---

① 山口佳紀、神野志隆光校注、译:《古事記》新編日本古典文学全集1［M］，小
　　学館，1997年:45－48页。
② 原文是"みづら"指的是日本古代男子的一种发型，把头发从头顶向左右分开，
　　把垂在耳边的头发做成一个大的环，垂在耳边。"みづら"是"ミミツラ（耳
　　鬘）"之略，"鬘"在中文里有"美发"的含义，"耳鬘"也可理解为垂在耳畔的
　　美发，所以笔者直接使用了"耳鬘"二字。
③ 被认为是一种法术。
④ 指黄泉国的边界。

在'葦(苇)原中国'生活的人民遇到苦难痛苦烦恼之时,去帮助他们。"并赐予了桃实名字,叫作"意富加牟豆美命"①。)

在此章节中,笔者要考察的是为什么三个桃子的果实可以让追来的雷神们全部逃归,希望解明其中的缘由。

第一节 关于"投出三枚桃实"的先行研究

如果把主要的相关先行研究汇总一下的话,那么如下所示。

1. 神野志隆光、山口佳纪两先生所注释的《新编日本古典文学全集》第一册的《古事记》中有这样的注解:"在中国从古至今都相信桃具有被除恶鬼的力量。"②

2. 松村武雄先生在《日本神话的研究》中写道:"最后是向追来者投出桃实这一手段。……这一手段告诉我们,日本神话中借来了中国思想里作为仙果的桃所具有强大的驱魔力的思想。"③

3. 松前健先生在其著作集第九卷中写道:"伊耶那岐的……'法术逃走型'传说中……从投出的具有法力的物件必定是三个,其中之一一定出现梳子来推断,传说的本源是一个。"④

4. 福岛秋穗先生在《记纪神话传说的研究》中说到:"投出物件的次数(或者是投掷物的数量)在'投掷有法力之物从而逃走'的故事发生的原初阶段……从一次(一个)渐次增加,不知

---

① 其为万叶假名的表记,被认为是"大神之灵"之意。
② 山口佳纪、神野志隆光校注、译:《古事记》新编日本古典文学全集1 [M],小学馆,1997年:45 −48页。
③ 松村武雄:《日本神話の研究》第二卷 [M],培風館,1955年:462页。
④ 松前健:《松前健著作集》第九卷 [M],おうふう,1998年:38页。

为何世界上的许多人都喜好'三',从而在那种情况下,完成的故事中三度的投掷(三个被投掷物)占有着压倒性的数量……基于桃是被除邪气恶灵之物这一观念的风俗习惯……是从中国传来的思想这一点,在今日基本上已经被大家肯定了。……虽然只是很笼统地说是'桃',到底是由桃的树、花、果实、香气中的哪一样产生了它具有被除邪气恶灵力量的观念、思想的,我们并不清楚……我赞成产生了它具有被除邪气恶灵力量的观念、思想的原因是由于桃的香气以及是把桃的果实与女性生殖器等同看待的结果这两个说法。"①

5. 尾崎畅殃先生在其著书《古事记全讲》中写道:"从投桃这一说并没有伴随着变身故事这一点来看,应该是从大陆系的桃具有除魔力量的法术思想而来的。在王朝时代②,在每年例行举行的仪式傩礼中会举行拉桃弓射苇矢被除恶鬼的活动。有一种被称为'卯槌'的,即切下约长三寸宽一寸的桃木块,作为被除邪气的具有法力之物使用,我们可以在《枕草子》等书中看到,我们可以在考量这种思想时用来作参考。投掷物为'三个',是因为受到中国思想中的数词观的影响吧。"③

6. 在和歌森太郎先生的"古事记与民俗学"一文中,作者写道:"在特定的东西上感觉到法力,用这样的东西除灾辟邪的风俗习惯是有的。比如说桃树的果实。……(《古事记》中的该

---

① 福島秋穂:《記紀神話伝説の研究》[M],六興出版,1988年:162、197、198页。

② 指日本天皇亲政的奈良时代和平安时代,也有特指平安时代的。

③ 尾崎畅殃:《古事記全講》[M],加籐中道館,1966年:68页。

神话故事）显示了人们认同桃树的果实具有特殊的法力的风俗。"①

7. 竹野长次先生在其著书《古事记的民俗学上的考察》中说道："对于桃子果实的信仰是源于中国思想的影响，'桃'字是'木'字边加上个'兆'字，而'兆'字意味着果实多产之意。桃子的多产性显示了丰饶的生产力，而丰饶的生产力被认为具有除魔的威力。女性的阴部作为具有法力之物被用于除灾镇魔，也是因为其生产的力量。在《日本书纪》的第九的一书里，投出桃子果实把恶鬼赶回去的故事的末尾写着'此用桃避鬼也'。当然这是后加的词句，这个'鬼'意味着邪灵恶魔。在后世的傩礼中使用了'桃木弓、苇杆矢、桃木杖'。'オホカムツミの命'② 就是大神的果实之神，桃树果实的神格化的神灵。"③

8. 在西乡信纲先生的《古事记注释》中，作者说："可以认为这些避鬼的民间信仰，是和所谓的归化一族一起，在相当早的时代就渡海而来，直至在宫廷的仪式和记纪神话中如此的扎下根来。"④

9. 在仓野宪司先生校注的日本古典文学大系的《古事记、祝词》中也有"桃树的果实能被除恶灵邪鬼是基于中国思想的。"⑤

---

① 和歌森太郎：《古事記と民俗學》，《古事記大成》神話民俗編 [M]，平凡社，1958 年：185 页。
② "オホカムツミの命"即为"大神つ實の命"，意思是大神的果实之神。
③ 竹野長次：《古事記の民俗学的考察》[M]，早稲田大学出版部，1950 年：92 页。
④ 西郷信綱：《古記事注釈》第一卷 [M]，平凡社，1975 年：187 页。
⑤ 倉野憲司校注：《古事記》[M]，岩波書店，1963 年：27 页。

10. 在武田佑吉先生译著的《古事记》中，作者写道："在礼记檀弓里，有鬼厌恶桃一说，在中国有很多的以桃防恶鬼的事例，（该神话）或许是受到其影响。"①

根据上述先行研究的观点，我们了解到多数的观点是说，桃树的果实具有被除邪恶的力量这一思想是由中国传来的。可是论及为什么桃树的果实具有这样的力量的论著却意外得少。当然先行研究中提到过由于桃的多产（生产力）以及把桃的果实与女性生殖器（具有生产力）等同看待，而使得桃具有了特殊的法力，但是果真是这样的缘由吗？还有，在神话中投掷的是桃实而非桃枝等等又是为什么呢？另外，关于为何非得投掷三个这一点，令人十分信服的解释还不曾见到。因此，下面就为何投掷的是桃树的果实？为何投掷了三个来做一番考察。

第二节　中国古代文献中的"桃"——关于以桃被除恶鬼的事例

关于桃子被除恶鬼，广为人知的是下面的一段记载。《论衡》"订鬼"引用《山海经》说，"沧海之中，有度朔之山，上有大桃木，其屈蟠三千里，其枝间东北曰鬼门，万鬼所出入也。上有二神人，一曰神荼，一曰郁垒，主阅领万鬼。恶害之鬼，执以苇索，而以食虎。于是黄帝乃作礼以时驱之，立大桃人，门户画神

① 武田祐吉译注：《古事记》[M]，角川书店，1977年：29页。

荼、郁垒与虎，悬苇索以御。"① 虽然这一段文字在现存的《山海经》里无从见到，但是其应是古文献中最早的记载。根据引用，我们认为用桃木制成的木人具有令鬼畏惧、被除恶鬼的机能。

让我们来看看《论衡》之前的文献中，对桃被除邪气是如何来论述的。《春秋左传》"襄公二十九年"中，有一段描写了襄公派巫师，使用桃木制作的棍子和扫帚，于棺前驱除不吉和邪气的内容。② 同书"昭公四年"中也有相关使用桃木的内容：储藏冰块时，会给掌管寒冷的神供奉黑毛雄性的羊和黑色的黍。要取出冰块时，将桃木所制的弓和枣木所制的箭挂在仓库的门上，可以消除灾祸。③《礼记·檀弓下》也写道：君王参加臣子的葬礼时，为了驱除死去之人的不吉之气，会让巫执桃枝（或棒），让祝执扫帚，护卫持矛。④

《论衡》之后，在《荆楚岁时记》中关于"正月一日"有这样的记载："帖画鸡，或斲镂五采及土鸡于户上。造桃板著户，谓之仙木。绘二神贴户左右，左神荼，右郁垒，俗谓之门神。（按庄周云：'有挂鸡于户，悬苇索于其上，插桃符于旁，百鬼畏之。'又魏时，人问议郎董勋云：'今正、腊月，门前作烟火，桃神，绞索松柏，杀鸡著门户，逐疫，礼欤？'勋答曰：'礼。十二月索室逐疫，衅门户，磔鸡。汉火行，故作火助行气。桃，鬼所恶，画作人首，可以有所收缚，不死之祥。'又桃者五行之精，

---

① 王充著，黄晖校释：《论衡校释》（附刘盼遂集解）[M]，中华书局，1990 年：938－940 页。

② 杨伯峻：《春秋左传注》[M]，中华书局，1981 年：1154 页。

③ 杨伯峻：《春秋左传注》[M]，中华书局，1981 年：1248－1249 页。

④ 郑玄注，孔颖达疏：《礼记正义》（十三经注疏06）[M]，北京大学出版社，1999 年：275－276 页。

能制百鬼，谓之仙木。《括地图》曰：'桃都山有大桃树，盘屈三千里。上有金鸡，日照则鸣。下有二神，一命郁，一命垒，并执苇索，以伺不祥之鬼，得则杀之。'即无神荼之名。应邵《风俗通》曰：'《黄帝书》称，上古之时，有神荼、郁垒兄弟二人，住度朔山上桃树下，简百鬼。鬼妄搏人，援以苇索，执以食虎。于是县官以腊除夕饰桃人，垂苇索，画虎于门，效前事也。'）"①其引用《风俗通》内容和原文记载②基本上是一致的。

与《风俗通》大致处于同一年代的《独断》中有："疫神帝颛顼有三子，生而亡去为鬼，其一者居江水，是为瘟鬼。其一者居若水，是为魍魉。其一者居人宫室枢隅处，善惊小儿。于是命方相氏黄金四目，蒙以熊皮，玄衣朱裳，执戈扬楯，常以岁竟十二月，从百隶及童儿，而时傩以索宫中，驱疫鬼也。桃弧棘矢土鼓，鼓且射之以赤丸五谷播洒之，以除疫殃，已而立桃人苇索，儋牙虎神荼、郁垒以执之。儋牙虎神荼、郁垒二神，海中有度朔之山，上有桃木，蟠屈三千里，卑枝，东北有鬼门，万鬼所出入也。神荼与郁垒二神居其门，主阅领诸鬼，其恶害之鬼，执以苇索食虎，故十二月岁竟，常以先腊之夜逐除之也，乃画荼垒并悬苇索于门户，以御凶也。"③ 根据所引的内容，可以了解到"大傩"即驱除疾病这个风俗的由来。驱赶"疾病之鬼"时，使用桃木所制之弓和枣木所制之箭来射它。仪式结束之后，立上桃木所制的人偶。也就是说，在"大傩"这个仪式中，桃也发挥着功能。

---

① 宗懔撰，宋金龙校注：《荆楚岁时记》［M］，山西人民出版社，1987年：4-5页。

② 王利器：《风俗通义校注》［M］，中华书局，1981年：367页。

③ 《汉礼器制度 汉官旧仪 汉旧仪 伏侯古今注 独断 汉仪》（丛书集成本）［M］，商务印书馆，1937：《独断》的11页。

　　下面让我们来说一说"大傩"。关于"大傩"这一风俗的记载,《后汉书》中的一段文字大家可能较为熟悉。在《后汉书》"礼仪中"里记载,"先腊一日,大傩,谓之逐疫。其仪:选中黄门子弟年十岁以上,十二以下,百二十人为侲子。皆赤帻皂制,执大鼗。方相氏黄金四目,蒙熊皮,玄衣朱裳,执戈扬盾。十二兽有衣毛角。中黄门行之,冗从仆射将之,以逐恶鬼于禁中。夜漏上水,朝臣会,侍中、尚书、御史、谒者、虎贲、羽林郎将执事,皆赤帻陛卫。乘舆御前殿。黄门令奏曰:'侲子备,请逐疫。'于是中黄门倡,振子和,曰:'甲作食(歹+凶),胇胃食虎,雄伯食魅,腾简食不祥,揽诸食咎,伯奇食梦,强梁、祖明共食磔死寄生,委随食观,错断食巨,穷奇、腾根共食蛊。凡使十二神追恶凶,赫女躯,拉女干,节解女肉,抽女肺肠。女不急去,后者为粮。'因作方相与十二兽舞。嚾呼,周遍前后省三过,持炬火,送疫出端门。门外驺骑传炬出宫,司马阙门门外五营骑士传火弃雒水中。百官官府各以木面兽能为傩人师讫,设桃梗、郁櫑、苇茭毕,执事陛者罢。苇戟、桃杖以赐公、卿、将军、特侯、诸侯云。"① 根据其记载,"大傩"仪式结束之时,设置"桃梗"即用桃木制成的木人。而后当值的守卫撤下之后,把用苇制成的茅以及用桃木制成的杖(或者是棒)赐予公、卿、将军、特侯、诸侯等。根据这样的行为,我们可以认为"桃梗"、"桃杖"具有驱除邪恶之物的力量。

　　从上述考察所知,在昔日的中国,用桃枝(棒)被除邪气,在旧历的正月一日或者除夕夜等为了驱除邪恶之物设置用桃木制

---

① 范晔:《后汉书》[M],中华书局,1965 年:3127 - 3128 页。

成的桃木符（桃木符板）、桃人（桃梗）等等。还有，在"大傩"即驱除带来疾病的邪灵的仪式中，也使用由桃木制成的弓、杖（棒）等等。由此，我们认为在中国很早就已存在桃木制成的符（板）、人偶（梗）、弓、杖（棒）等等能够屏退邪恶之物的思想，这应该是没有什么问题的。

第三节　桃与"逃"、"亡"的关系

在《韩诗外传》中有这样的记载，"齐桓公出游，遇一丈夫，衰衣应步，带着桃殳。桓公怪而问之曰，'是何名。何经所在。何篇所居。何以斥逐。何以避余。'丈夫曰，'是名二桃，桃之为言亡也。夫日日慎桃，何患之有。故亡国之社，以戒诸侯。庶人之戒，在于桃殳。'桓公说其言，与之共载。来年正月，庶人皆佩。诗曰，'殷监不远。'"① 在此，那位丈夫手持的"桃殳"正是桃木制成的木杖。他是这样回答齐桓公的质问的，他说"这个桃木制成的木杖的名字叫做'戒桃'（孙诒让把'二桃'校订为了'戒桃'）。桃就是在说'亡'。如果每日记得把灭亡之事引以为戒的话，那么就不会有什么可担心的事情了吧。所以灭亡之国的社可以告诫诸侯，桃木制成的手杖可以告诫庶民。"从引用文来看，我们可以知道桃含有"亡（灭亡）"的意思。根据《说文解字》，"桃"与"逃"的发音是有共通点的，都是"徒刀切"。②

---

① 赖炎元：《韩诗外传今注今译》[M]，台湾商务印书馆，1972年：425页。
② 许慎撰，段玉裁注：《说文解字注》[M]，上海古籍出版社，1981年：74页（"逃"）、239页（"桃"）。

现今在中文里，"桃"与"逃"的发音是一样的，而因为"逃"与"亡"的含义是相通的，所以"桃"被说成含有"亡"的意思吧。在森三树三郎先生的著书《中国古代神话》中也提到，"逃"在古汉语中既有逃跑之意，也有令人逃跑之意。

中国有通过使用谐音字的方式来表示与原字字面含义不同的用法，犹如常见于日本文学中的"双关语"①。当然一般多用在吉祥的事情上。比如，新年的宴会我们一定会看到鱼。那是因为"鱼"的发音和"余"一样，就有了"年年有余"的意思了。即祝愿生活一直宽裕的意思。又比如，在门上雕刻五只蝙蝠，这也是因为"蝠"与"福"的发音一致，意味着"五福临门"，就是长寿、富裕、无病、好德、以天命终这五种福气降临家门之意。也有柿子和桔子组合的绘画，则含有"万事吉祥"之意。那当然也是与发音有关的，因为"柿"与"事"发音相同，而"桔"与"吉"发音相近。

由此，伊耶那岐命投出三个桃子的果实的行为，是否也受到中国的影响，由于"桃"与"逃"发音共通，从"桃"联想到"逃"，再从"逃"联想到与"逃"有共通含义的"亡"呢？也就是说，投掷桃实，是否含有使得黄泉国的雷神（鬼）们逃走，使得黄泉国的雷神（鬼）们消亡之意呢？

第四节　桃花与女性、被除邪气的关系

这一节，我们来考察一下桃花。说起桃花我们会联想到女子

---

① 即指常见于日本和歌等的修辞法"掛词（かけことば）"。

美丽的容颜。诗有："南国有佳人，容华若桃李。"① 而谈及桃花与女性的关系，那么无论如何我们都要提一提《诗经》的"桃夭"。诗中写道："桃之夭夭，灼灼其华。之子于归，宜其室家。桃之夭夭，有蕡其实。之子于归，宜其家室。桃之夭夭，其叶蓁蓁。之子于归，宜其家人。"② 读到这首诗，我们想到的是，诗人把醒目的艳丽的桃花与充满活力的美丽少女联系在了一起。

桃花并非仅仅用在形容美丽女子的容颜，它更是促进容颜美好的良药。《艺文类聚》引《（神农）本草经》说到，"枭桃在树不落，杀百鬼。"③ 如果查阅《神农本草经》的原文的话，关于"下品药桃核"是这样说明的，"味苦，平。主淤血，血闭，瘕邪杀小虫。桃华，杀疰恶鬼，令人好（颜）色。桃枭，微温。主杀百鬼精物。桃毛，主下血瘕，寒热，积寒，无子。桃蠹，杀鬼邪辟不祥。"④ 这里的恶鬼可以认为是带来恶病之鬼，而桃花可使人容色变好。虽不知桃枭到底指的是什么，可以知道它也应是桃的一部分，主要起到杀鬼、杀妖精的作用的。就连桃子里的虫子（桃蠹）也具有杀鬼祛邪被除不祥的功能。《太平御览》引《太清诸卉木方》说到，"酒渍桃花而饮之，除百病，好容色。"⑤ 把桃花浸酒而饮的话，可以去除百病，令人容色变好。这难道不正和《荆楚岁时记》中记载的，"正月一日是三元之日也。……长

---

① 张启成等译注：《文选全译》[M]，贵州人民出版社，1994 年：2049 页。
② 方玉润撰，李先耕点校：《诗经原始》[M]，中华书局，1986 年：82 页。
③ 欧阳询撰，汪绍楹校：《艺文类聚》[M]，上海古籍出版社，1965 年：1467 页。
④ 尚志均：《神农本草经校注》[M]，学苑出版社，2008 年：266 页。
⑤ 李昉等：《太平御览》[M]，中华书局，1960 年：4291 页。

幼悉正衣冠、以次拜贺、进椒柏酒、饮桃汤。"① 中的饮用桃花浸泡的汤水异曲同工吗？

不管怎样，桃花并非单单形容美丽的女子，我们应该注意到桃花自身可以使人的容色变得更为美好，具有杀恶鬼祛邪气之功效。这里可以知道，对于桃而言，并非只是经常提到的桃枝，桃花也具有辟邪的性质。

第五节　桃与婚姻、阳气的关系

此节中，笔者想对桃与婚姻，桃与阳气的关系加以考察。

上一节中笔者引用了《诗经》"桃夭"。在朱熹的《诗集传》中，关于"桃之夭夭，灼灼其华。之子于归，宜其室家。"作者解释道，"周礼，仲春令会男女。然则桃之有华，正婚姻之时也。……文王之化，自家而国，男女以正，婚姻以时。故诗人因所见以起兴。"② 据其所言，桃花开的时候正是举行婚姻之事的好时期。

《艺文类聚》引《韩诗》说："《韩诗》曰，三月桃花水之时，郑国之俗，三月上巳，于溱洧两水之上，执兰招魂续魄，拂除不祥。"③《荆楚岁时记》有记载："三月三日，士民并出江渚池沼间，为流杯曲水之饮。……按韩诗云，'唯溱与洧，方洹洹

① 宗懔撰，宋金龙校注：《荆楚岁时记》［M］，山西人民出版社，1987年：1-7页。
② 朱熹：《诗集传》［M］，中华书局，1958年：5页。
③ 欧阳询撰，汪绍楹校：《艺文类聚》［M］，上海古籍出版社，1965年：62页。

兮。唯士与女,方秉兰兮。'注谓今三月桃花水下,以招魂续魄,被除岁秽。周礼,'女巫岁时被除衅浴。'"① 根据所引之文来看,在中国古代,有于三月上巳之日,在流水中清洗身体消罪除秽,驱除不祥与灾祸的风俗习惯。笔者注意到《韩诗》和《荆楚岁时记》中的"三月桃花水"一句,我们虽然不能明确地知道,"三月桃花水"到底是指旧历三月,桃花盛开,倒映在川水之中呢,还是说桃花落下漂浮在川水之上,但是可以了解到有桃花以及被除不祥的活动与特别的日子关联在一起这样的记载。

三月上巳之日的这个节日在中国被称为"上巳节"。据晋书记载②,在汉代三月上巳之日会在流水处进行禊和被的仪式。魏之后,不是三月上巳之日这一天,而是三月三日(旧历)被当作了节日。三月三日这一天,除禊和被之外,还会进行生育法术的活动。张协的《洛禊赋》中有说:"夫何三春之令月,嘉天气之氤氲。……漱清源以涤秽兮,揽绿藻之纤柯,浮素卵以蔽水,洒玄醪于中河。"③ 说的是,将煮好的蛋置于河水中,随水流去。捡到的人会食用它。这个可以看作是祈求生育的法术。还有将枣子置于河水的,这应该是"浮素卵"的一种变形。如江总的《三日侍宴宣猷堂曲水》这首诗中,如是描述:"上巳娱春禊。……浮枣漾清漪。落花悬度影。"④

有趣的是,在中国清代,在三月三的节日之际,作为北京民

---

① 宗懔撰,宋金龙校注:《荆楚岁时记》[M],山西人民出版社,1987年:38页。

② 房玄龄等撰:《晋书》[M],中华书局,1974年:671页。

③ 张协撰,张溥辑:《张景阳集》(汉魏六朝百三家集·卷五十四)[M],光绪己卯信述堂重刻本。

④ 江总撰,张溥辑:《江令君集》(汉魏六朝百三家集·卷百〇五)[M],光绪己卯信述堂重刻本。

间的风俗习惯，有游"蟠桃宫"的活动。《帝京岁时纪胜》的"三月蟠桃宫"一条中这样写道："蟠桃宫在东便门内，河桥之南，曰太平宫。内奉金母列仙。岁之三月朔至初三日，都人治酌呼从，联镳飞鞚，游览于此。长堤纵马，飞花箭洒绿杨坡。夹岸联觞，醉酒人眠芳草地。"① 在游"蟠桃宫"之时，很多人会向西王母祈祷健康与多子。蟠桃是桃的一种，食用了西王母的蟠桃的话，可以得到健康与长寿，这在中国几乎是众所周知的传说。在这里我们可以在健康、长寿、多子等与"生"有关的事宜中见到桃的身姿。

就像上文所考察的，说到桃可以被除邪气，与婚姻、生育、健康、长寿等等有关这些，笔者认为那是由于桃代表了阳气的发生。

在《逸周书》的"时训解"中有这样的记载："惊蛰（此处应为雨水。)② 之日，桃始华，又五日，仓庚鸣，又五日，鹰化为鸠。桃不始华，是谓阳否，仓庚不鸣，臣不从主，鹰不化鸠，寇戎数起。春分之日，玄鸟至，又五日，雷乃发声，又五日，始电。玄鸟不至，妇人不娠，雷不发声，诸侯失民，不始电，君无威震。"③ 文中写到惊蛰（应为雨水）之日，如果桃花不开，这就称为阳气堵塞不通。也就是说可以把桃花是否开放看作阳气是否顺利运行起来的标志吧。

---

① 潘荣陛：《帝京岁时纪胜》[M]，富察敦崇：《燕京岁时记》[M]，北京古籍出版社，1981 年：16－17 页。

② 黄怀信、张懋镕、田旭东撰，李学勤查定：《逸周书汇校集注》[M]，上海古籍出版社，1995 年：624 页。

③ 黄怀信、张懋镕、田旭东撰，李学勤查定：《逸周书汇校集注》[M]，上海古籍出版社，1995 年：625－628 页。

第六节　为何投出桃实三枚

笔者已经在上一章"中国古代文献中的数字'三'的意义、机能与日本创世神话"中论及了数字"三"的象征意义。根据上一章的考察，我们知道"三"这个数字是生成万物之数。另外，"三"象征着能够完成一个事业、一项功绩的天的最大原则。还能见到以"三"个事项组成一个事物的全貌或表示一件事情的完整进程，也能见到在表现事物数量界限上出现的"三"。

比如，《古事记》的起首部分有"地初发之時、於二高天原一成神名、天之御中主神。次、高御産巣日神。次、神産巣日神。此三柱神者、並独神成坐而、隐レ身也。"其中"天之御中主神、高御産巣日神（高御产巣日神）、神産巣日神（神产巣日神）"这三神相当于三个事物，从三神始而生成万物，则可以说相当于通过三项事物完成了一个事业或一项功绩。

又比如，"伊耶那岐命"与"伊耶那美命"婚媾之后，首先生下了"蛭子"，接着生下了"淡岛"①这两位都不计入两神所生的孩子之列，第三次才算正式成功，生下了正常的孩子，才有了后续的"国土创生"和"神创生"的神话②，也就是说经过了三个阶段终于成功完成了"国土创生"和"神创生"的伟业。还

---

① 淡岛，日语为"淡岛"发音为"あわしま"，这里"淡"含有"あわあわしい"之意，淡岛指的是形色未成，无法凭靠的水中土地。
② 山口佳紀、神野志隆光校注、译：《古事記》新编日本古典文学全集1［M］，小学館，1997年：31-42页。

有,"伊耶那岐命"从黄泉国逃回的过程中,首先取下头上盘好的黑色假发投了出去,其后又折断了插在右边"耳鬘"上的多齿梳子的齿投掷了出去,第三次来到了黄泉国平坦斜坡①后,取了在此斜坡的坡底处生长着的桃树的三个果实向着追来的鬼怪们迎击投掷出去。② 经过了三个阶段,才成功地逃离了黄泉国。另外,"大穴牟迟神(大穴牟迟神)"的"根之坚州国"访问的神话中,"大穴牟迟神(大穴牟迟神)"通过了"蛇之室"、"蜈蚣与蜂之室"、"在火烧之野中取得带镝之箭"这三个试炼,终于得到了"须佐之男命(须佐之男命)"认可的"苇(苇)原中国"的支配者(大国主神)的身份。③ 这三个神话事例很容易让人想到与"经过三个阶段才能完成一个事业或一项功绩"的观念有着关联。

从上面的引用也可以看出笔者在第二章结论中所陈述的,即"三"的含义与机能并未仅仅停留在古代中国,处于古代中国文化圈之中的古代日本的神话中也可以见到。

笔者认为,在日本神话中"伊耶那岐命"投掷出三枚桃实从而击退八位"雷神"和黄泉军的故事,第一是和"通过三个事物或者三个阶段,才能完成一个事业或一项功绩"这一观念有关,第二是因为古代日本人认识到了桃果三枚的这一"三"是万物生成之数,是和"生"的机能相关联的。就是说通过投掷出象征着"生"的数量的桃果,使得处于"生"的对立面的"死"之世界中的存在"雷神(鬼)"们尽数归逃。

① 指黄泉国的边界。
② 山口佳纪、神野志隆光校注、译:《古事记》新编日本古典文学全集1 [M],小学馆,1997年:46-48页。
③ 山口佳纪、神野志隆光校注、译:《古事记》新编日本古典文学全集1 [M],小学馆,1997年:79-85页。

第七节 投掷的为何是果实

从本章开头对原文的介绍我们可以得知,"伊耶那岐命"在黄泉国平坦斜坡的坡底处向着追来的"雷神"们投掷的是桃实。为什么投掷的不是很结实的桃枝而是桃实呢?如果说日本神话受到了桃能被除邪气这一中国思想的影响的话,那么桃树的果实究竟被认为具有怎样的力量呢?

《诗经》"桃夭"中的桃实是多产的象征,虽然令人觉得是因为多产才使得其与生命力产生了关联,但是我们认为果实本身就象征着生命力。在《诗经》里的很多地方都能见到这种观念。比如,《大雅》"緜"中有"緜緜瓜瓞,民之初生,自土沮漆。"①这"緜緜瓜瓞"写的就是,就像长长的永不断绝的瓜之藤蔓上结出无数的大瓜小瓜一样,"周"的后继者源源不断地增加的意思吧。把不断生长的瓜比喻成人类的子孙。这里结出的瓜实本身也可以象征生命力吧。《卫风》"木瓜"中有"投我以木瓜,报之以琼琚。匪报也,永以为好也。投我以木桃,报之以琼瑶。匪报也,永以为好也。投我以木李,报之以琼玖。匪报也,永以为好也。"② 女子给男子送去木瓜、木桃、木李,而男子以美玉为答礼。瓜、桃、李原先就是多子的植物。在诗中赠送木瓜、木桃、木李也可以认为是包含着结婚之后,就如结出木瓜、木桃、木李的果实一般,生下众多孩子的美好愿望之意吧,此时木瓜、木

---

① 方玉润撰,李先耕点校:《诗经原始》[M],中华书局,1986年:480页。
② 方玉润撰,李先耕点校:《诗经原始》[M],中华书局,1986年:187-188页。

桃、木李的果实自身也可以被看作生命力的象征吧。

下面，关于与健康、长寿有关的桃，让我们追溯时代来考察一番。

唐代中后期成书的《酉阳杂俎》中记载："仙桃，出郴州苏仙坛，有人至心祈之，辄落坛上，或至五六颗，形似石块，赤黄色，破之，如有核三重，研饮之，愈众疾，尤治邪气。"① 在此处我们见到了"仙桃"这一词语。文中说仙桃的核有三重，把桃核研碎吞之，可以治愈诸多疾病。尤其是可以治邪气。唐代中前期成书的《初学记》引《神农本草经》说："本草云枭桃在树不落，杀百鬼。玉桃，服之长生不死。"② 这里我们可以看到桃与长生不死的关联。现今流传的《神农本草经》中没有见到这一文，但是至少在唐代中前期的《初学记》中就能见到食"玉桃"可以长生不死这一思想，"玉桃"想必就是仙桃了。再往前追溯一下，中国北魏的杨炫之所著的《洛阳伽蓝记》卷一"景林寺"中记载："有仙人枣，长五寸，把之两头具出，核细如鍼，霜降乃熟，食之甚美。俗传云出昆仑山，一曰西王母枣。又有仙人桃，其色赤，表里照彻，得霜乃熟。亦出昆仑山，一曰王母桃也。"③ 这里"仙人桃"也叫做"王母桃"，就是西王母的桃吧。

中国东晋时代的王嘉的《拾遗记》的卷三中有关于周穆王的记载："穆王即位三十二年、巡行天下。……三十六年、王东巡大骑之谷。……西王母乘翠凤之辇而来、前导以文虎、文豹、后列雕麟、紫麋。曳丹玉之履、敷碧蒲之席、黄莞之荐、共玉帐高

---

① 段成式：《酉阳杂俎》［M］，中华书局，1981 年：174 页。
② 徐坚等：《初学记》（全三册）［M］，中华书局，1962 年：673 页。
③ 周祖谟：《洛阳伽蓝记校释》［M］，中华书局，1963 年：52 页。

会。荐清澄琬琰之膏以为酒。又进洞渊红花、嶕州甜雪、昆流素
莲、阴岐黑枣、万岁冰桃、千常碧藕、青花白橘。素莲者、一房
百子、凌冬而茂。黑枣者、其树百寻、实长二尺、核细而柔、百
年一熟。扶桑东五万里、有磅磄山。上有桃树百围、其花青黑、
万岁一实。"① 文中写道周穆王巡视天下，遇见西王母。在宴会上
有一万年才结一次果的"冰桃"。在"磅磄山（应是仙山吧）"
上有着一万年才结一次果的百围桃树。当然这里的桃完全可以说
就是仙桃了。食用了一万年才结一次果的桃果，一定会长生不老
的吧。

　　《汉武帝内传》中记载"孝武皇帝，景帝子也。……及即位，
好长生之术，常祭名山大泽，以求神仙。……至七月七日，乃修
除宫掖之内，设座殿上……至二唱之后……复半食顷，王母至
也。……因呼帝共坐，帝南面，向王母。母自设膳，膳精非常。
……又命侍女索桃，须臾以鎜盛桃七枚，大如鸭子，形圆，色
青，以呈王母。母以四枚与帝，自食三桃。桃味甘美，口有盈
味。帝食辄录核，母曰，'何谓。'帝曰，'欲种之耳。'母曰，
'此桃三千年一生实耳，中夏地薄，种之不生如何。'帝乃止。"②
文中写道，汉武帝遇见了西王母，在宴席上西王母向帝奉上了桃
果，汉武帝食桃后把桃核收入怀中，西王母问，"那是为何呀？"
帝说，"我想把桃核种下。"西王母说到，"此桃三千年才一结果，
中国的土地太贫瘠，种下了桃核也不会生长，怎么办呢？"汉武
帝遇见了西王母，据文所言，这里的桃终究也是仙桃吧。食用了

---

① 　王嘉：《拾遗记》古小说丛刊 [M]，中华书局，1981 年：60 - 66 页。
② 　王根林、黄益元、曹光甫点校：《汉魏六朝笔记小说大观》[M]，上海古籍出版
　　社，1999 年：140 - 142 页。

三千年一结果的桃的话，果然还是能和《拾遗记》中的周穆王一样，能成为长生不老的仙人吧。

根据上述从中国的唐时代追溯到魏晋时代的记载，我们可以看到桃与仙人，与长生不老相关联的思想。

在日本，"桃太郎"这一故事广为人知。关于桃太郎的记载，有从桃子里生出来的说法，也有食用了桃果的老夫妇变回年轻生下了桃太郎的说法。从食用桃果后，老夫妇变回年轻生下孩子这事来看，桃的果实果然与生命力、与长生不老有关，不是吗？另外，桃实可能被认为是母体的象征，从拥有降伏鬼怪之力的有如仙人一般的桃太郎由桃实而生之事来看，桃是属于仙界之物恐怕是没有错的吧。也可以认为桃实自身拥有镇服邪恶之物的灵力的吧。

依据上述考察，我们可以知道，第一，桃子的果实是仙人之果，食之则能长生不死。也就是说桃树的果实是能够给予生命力的仙物。第二，果实是生命的起点，本身就象征着生命力。果实应该拥有生命成长所需的全部基本动力吧。植物的果实可以说是植物的精华，也就是说我们可以认为并非植物的枝和叶，而是果实拥有最多的"生气"。可以被除邪气的植物桃的各个部分中，拥有最大"生气"的果实正是对抗与死有关的黄泉大军并能取得完胜的宝物。

总　结

通过对"伊耶那岐命"被八种的雷神和黄泉大军追踪之际，

取了在黄泉国平坦的斜坡坡底处生长的桃树的三个果实向追来的鬼怪们迎击投掷出去，从而使得这些邪物逃散而归的神话的考察，我们重新认识了日本神话中有关桃的观念受到中国的桃观念的影响。理由如下所述。

1．先行研究中所言，在中国桃具有被除邪气的力量。

2．"桃"与"逃"具有共通的发音，而"逃"与"亡"有着含义上的联系，投桃这一行为，在"使得邪物逃归"、"使得邪气消亡"的意思上，作为双关语使用的可能性也并非没有。

3．我们了解到甚至桃花都有被除邪气的机能，由此可以窥见桃树的任何部分都带有被除邪气的可能性。

4．桃花开的季节是举行婚姻的好季节，并与"阳气"运行散布有着很深的关联，而"阳气"正是"邪气（阴气）"的对立面。

5．投出桃实三枚，是因为与"三"这数字所具有的生成万物的力量有关联，能够驱赶走处于"生"的对立面"死"之世界的雷神们。

6．投掷桃实，是因为作为植物桃的具有被除邪气力量的各个部分中，其精华的果实，拥有最强的被除邪气的力量，比之枝条或花，投掷桃实无疑更具效果。

7．桃实是植物桃的精华所在，我们可以从食西王母桃而长生不老中看到。长生不老是"生"的极致，桃实正位于"死"的世界的黄泉国魔物们的对立面。

综上所述，我们可以从"伊耶那岐命""投出桃实三枚"这一行为看出《古事记》中与桃相关的该神话，是在日本神话中受到中国影响极深的一个部分。

第四章　关于《古事记》国土创生神话中数字"八"的考察

在《古事记》的国土创生神话中，出现了"八"这个数字。在先行研究中，一般是将其解释为日本自古以来的圣数。然而重视"八"这个数字的并非仅仅是日本，实际上，在中国古代，"八"也是非常神圣重要的数字。因此在本章中，把《古事记》国土创生神话中出现的数字"八"的含义同中国古代文献中的"八"进行了比较研究。

第一节　《古事记》国土创生神话中的数字"八"的含义

《古事记》的国土创生神话如下所述。

"伊耶那岐命・伊耶那美命の二柱の神、……天の浮橋に立たして、其の沼矛を指し下して画きしかば、……矛の末より垂り落ちし塩は、累り積りて島と成りき。是、淤能碁呂島ぞ。其の島に天降り坐して、天の御柱を見立て、八尋殿を見立てき。

第四章 关于《古事记》国土创生神话中数字"八"的考察

……吾と汝と、是の天の御柱を行き廻りて、みとのまぐはひを為む。……汝は右よりめぐり逢へ。我は、左より廻り逢はむ。……更に其の天柱を行き廻ること、先の如し。是に、伊耶那岐命の先づ言うはく、「あなにやし、えをとめを」と言ひ、後に妹伊耶那美命の言ひしく、「あなにやし、えをとこを」といひき。言ひ竟りて御合して、生みし子は、淡道之穂之狭別島。次に、伊予之二名島を生みき。此の島は、身一つにして面四つ有り。面ごとに名有り。故、伊予国は愛比売と謂ひ、讃岐国は飯依比古と謂ひ、粟国は大宜都比売と謂ひ、土左国は建依別と謂ふ。次に、隠伎之三子島を生みき。亦の名は、天之忍許呂別。次に、筑紫島を生みき。此の島も亦、身一つにして面四つ有り。面ごとに名有り。故、筑紫国は白日別と謂ひ、豊国は豊日別と謂ひ、肥国は建日向日豊久士比泥別と謂ひ、熊曽国は建日別と謂ふ。次に、伊岐島を生みき。亦の名は、天比登都柱と謂ふ。次に、津島を生みき。亦の名は、天之狭手依比売と謂ふ。次に、佐度島を生みき。次に、大倭豊秋津島を生みき。亦の名は、天御虚空豊秋津根別と謂ふ。……故、此の八つの島を先づ生めるに因りて、大八島国（おほやしまくに）と謂ふ。"[1]
["伊耶那岐命"和"伊耶那美命"二神……站在天之浮桥上，把天之沼矛向下插落搅拌之时……矛尖滴落的盐份积起了一座岛。岛的名字叫"淤能碁呂岛（淤能碁呂岛）"[2]。二神从天上降临到这个岛，发现了"天之御柱"，发现了"八寻殿（八寻

---

① 山口佳紀、神野志隆光校注、译：《古事记》新编日本古典文学全集1 [M]，小学馆，1997 年：31 –37 页。

② 意为自然而然生成的岛。

殿）"。……（"伊耶那岐命"说道）"我和你围绕'天之御柱'反向而走，相遇后在寝居行婚媾之事吧。……你自右绕走，我自左绕走。"……再一次围绕"天之御柱"如先前一般举行了仪式。于是"伊耶那岐命"首先发言说"多么可爱的少女啊。"然后"伊耶那美命"说道"多么可爱的少年啊。"说完后完成了婚媾之事，生下了孩子"淡道之穗之狭别岛（淡道之穗之狭别岛）"，然后是"伊予之二名岛"，此岛身体只有一个却有四张脸，每张脸都有自己的名字。在这四张脸中，"伊予国"称为"爱比壳（爱比壳）"、"讃岐国"称为"飯依比古（饭依比古）"、"栗国"叫作"大宜都比壳"、"土左国"叫作"建依别（建依别）"。而后生下了"隐伎之三子岛（隐伎之三子岛）"，其有个别名叫"天之忍許呂別（天之忍许吕别）"。然后生下了"筑紫岛（筑紫岛）"，此岛也是身体一个有着四张脸，每张脸都有自己的名字。在这四张脸中，"筑紫国"称为"白日別（白日别）"、"豊国（豊国）"称为"豊日別（豊日别）"、"肥国"叫作"建日向日豊久士比泥別（建日向日豊久士比泥别）"、"熊曽国"叫作"建日別（建日别）"。之后生下了"伊岐岛（伊岐岛）"，其有个别名叫作"天比登都柱"。之后生下了"津島（津岛）"，其有个别名叫作"天之狭手依比壳"。之后生下了"佐度島（佐度岛）"。之后生下了"大倭豊秋津島（大倭豊秋津岛）"，其有个别名叫作"天御虚空豊秋津根別（天御虚空豊秋津根别）"。……就这样，由于先生下了这八个岛，所以这个国家称作"大八岛国（大八岛国）"。]

在国土创生神话中，数字"八"出现在在"八寻殿（八寻殿）"及"大八岛国（大八岛国）"这两个词里。关于"八寻殿

(八寻殿)",胜俣隆先生吸收了德国的日本学学者耐莉·诺曼 (Nelly Naumann)的观点,这样说道:

"该'天之御柱'被立于'淤能碁吕岛(淤能碁吕岛)',是 因为以'淤能碁吕岛(淤能碁吕岛)'为中心生出了日本国,神 话上,'淤能碁吕岛(淤能碁吕岛)'便成为了表示世界中心的土 地。而且'天之御柱'与'八寻殿(八寻殿)'是一体的东西。 关于'八寻殿(八寻殿)',耐莉·诺曼(Nelly Naumann)认为 应把'八'读解为表示方位的象征着"完全"之意的数字 '八',它表示了小宇宙(Mikrokosmos)。如果'天之御柱'是支 撑天之中心的柱子的话,那么与其一体的'八寻殿(八寻殿)'、 '淤能碁吕岛(淤能碁吕岛)'也位于大地的中心、世界的中心的 想法是很自然的吧。"①

根据上述的观点,"八"这个数字意味着"完全"。那么 "八"的这个含义到底是从哪里来的呢?关于另外一个包含数字 "八"的词语"大八岛国(大八岛国)",主要有着以下这些先行 研究。

松村武雄先生说道:"关于生成的国与岛……第一,有一个 数量上的问题。……以八个为一组的,无疑是上代日本民族爱好 作为圣数、圆满之数'八'的心理上的体现。"②

饭田季治先生说道:"'大八岛国(大八岛国)'是我日本国 的古称。因为上述的八个洲是日本主要的洲,所以美称为'大', 把其作为我国的总的一个称呼。"③

① 胜俣隆:《星座で読み解く日本神話》[M],大修館書店,2000年:79页。
② 松村武雄:《日本神話の研究》第二卷[M],培風館,1955年:296页。
③ 飯田季治:《日本書紀新講》上卷[M],明文社,1936年:45页。

竹野长次先生说道:"关于二神所生的各国……无论哪个传承都共通的是八岛中都有淡路洲、大日本豊秋津岛(大日本豊秋津岛)、伊豫洲、筑紫洲、隱岐洲(隐岐洲)、佐渡洲这六个,另外关于越洲、大洲、吉備子洲(吉备子洲)、壹岐洲(壹岐洲)、對馬洲(对马洲),或加入到某个传承里,或不算在某个传承中。那是为了要把生成之国的数量凑成圣数'八'。"①

仓野宪司先生说道:"那是我国古称之一,但是那是对内使用的称呼(对外时则使用'日本'这两个字)。"②

西乡信纲先生说道:"大八岛是指在宣命③中所说的'以人的身姿显示于世间的神、统治大八岛国的天皇'④里的国家版图,八岛的八并非是实指的数字。"⑤ 在补充考察之"八十岛祭"中写道,"大八岛的八是圣数但非实指的数。也就是说在古代日本,不是幸运七(lucky seven),而是幸运八(lucky eight)。"⑥

次田真幸先生说道:"'八'原来是圣数,用来表示多数,在这里是作为实指的数。'大八岛国(大八岛国)'是用来表示天皇统治的国土全域的称呼。"⑦

新编日本古典文学全集中的《古事记》中,"大八岛国(大八岛国)"的注里写道:"与此称呼相对应的有'领有大八洲之天

---

① 竹野長次:《古事記の民俗学的考察》[M],早稲田大学出版部,1950年:58页。
② 倉野憲司校注:《古事記》[M],岩波書店,1963年:22页。
③ 宣命是指传达日本天皇命令的一种文书,和用日语中的"汉文体"写成的诏、勅不同,特指用"宣命体"写成的文书。
④ 原文为"現神と大八島国所知す天皇"。
⑤ 西郷信綱:《古記事注釈》第一卷[M],平凡社,1975年:127页。
⑥ 西郷信綱:《古記事注釈》第一卷[M],平凡社,1975年:131页。
⑦ 次田真幸:《古事記》[M],講談社,1977年:48页。

皇'（公式令）①。其与神话上的国土生成的传说对应，支配国土的人神称为天皇。"②

角林文雄先生说道："对'大八洲'的描述，根据每'一书'而有不同。'八'本来是表示'多'的意思，不是实指的数，但是后来以'八'为基准，进行了把洲之数量整合为'八'个的作业。"③又说，"在日本神话中，'八'是意味着……数量多，神圣之意的重要数字。"④

寺川真知夫先生说道："'大八岛国（大八島国）'是，把天皇统治的多个岛屿通过圣数'八'来显示，既有象征性的也是具有实际意义的说法"。……考虑到神话上的'大八島国（大八島国）'是表现文武天皇的即位宣命中，天皇所统治的地理、政治范围的国名的同时，'大八島国（大八島国）'也被赋予了使得复数的神话世界得以成立的基干土地的含义。⑤

在以上引用的先行研究中，几乎都说"八"是日本自古以来的圣数。可是，关于为何在日本会把"八"当作圣数，却没有见到有何具体的说明。笔者考虑"大八岛国（大八島国）"中的"八"的圣数观念是否是缘于中国的呢？下面考察并说明一下笔者作此考虑的缘由。

---

① 公式令是指在日本旧宪法下规定法律、诏、勅等各种法令公布方式的勅令。1907
　年公布，1947年废止。
② 山口佳纪、神野志隆光 校注、译：《古事記》新编日本古典文学全集1［M］，小
　学館，1997：37页。
③ 角林文雄：《日本書紀》神代卷全注释［M］，塙書房，1999：89页。
④ 角林文雄：《日本書紀》神代卷全注释［M］，塙書房，1999：71页。
⑤ 寺川眞知夫：《古事記神話の研究》［M］，塙書房，2009年：162-163页。

第二节　《古事记》的国土创生神话与数字 "八"的关系

在《古事记》中，国土创生神话以外出现"大八岛（大八岛）"这一词的有序里的"大八州"、以及"倭建命"的"熊曾征伐"段中的"大八岛国（大八岛国）"。

一、飛鳥清原大宮に大八州を御めたまひし天皇の御世に暨りて、潜ける竜元に体ひ、洊れる雷期に応へき。① （到了在"飛鳥清原（飞鸟清原）"大宮中治理大八州的天皇之世，作为太子具备了天子应有的德行，响应了最好的时机。）

二、吾は、纏向の日代宮に坐して大八島国を知らす、大帯日子淤斯呂和気天皇の御子、名は、倭男具那王ぞ。② （我是在"纏向之日代（缠向之日代）"宮治理"大八島国（大八岛国）"的天皇"大帯日子淤斯呂和気（大带日子淤斯吕和气）"之子，名字叫"倭男具那王"。）

另外，大国主神的"八千矛之神"诗歌里有"八島国（八岛国）"，应可以认为和"大八島国（大八岛国）"是同样的意思。③

在《日本书纪》中，在伊耶那岐命和伊耶那美命二神的国土

---

① 山口佳紀、神野志隆光校注、译：《古事記》新編日本古典文学全集1 [M]，小学館，1997年：19页。

② 山口佳紀、神野志隆光校注、译：《古事記》新編日本古典文学全集1 [M]，小学館，1997年：220－221页。

③ 山口佳紀、神野志隆光两氏校注的《古事記》新編日本古典文学全集1的85页的注中写道，"同'大八島国'一样，是在神话上表现日本全域的词语"。

创生神话的本文以及第一别传里记有"大八洲国"。①

《说文解字》中有："水中可居者曰州。"② 《尔雅》"释水"中有："水中可居者曰洲。"③ 根据这二本字书的解释，可以认为"州"、"洲"、"岛"应是同样的意思。

在《古事记》的序里有："夫、混元既に凝りて、気？象未だ効れず。名も無く為も無ければ、誰か其の形を知らむ。然れども、乾坤初めて分れて、参はしらの神造化の首と作れり。陰陽斯に開けて、二はしらの霊群の品の祖と為れり。"④（说起来，本始的混沌之气已经凝结，形兆还未显现。无名无行，谁又知道其形状呢？可是，天和地开始分开之后，三神成了万物之始。阴阳在这里分开，二位神灵成了万物之祖。）

同样在序中描述天武天皇事迹的部分中有："乾符を握りて六合を摠べたまひ、天統を得て八荒を包ねたまひき。二つの氣の正しきに乘りまし、五つの行の序を齐へたまひき。"⑤（受天子的印符统帅天地上下四方，继承了上天的正统给八方最远的地方都带去了秩序。政治遵照阴阳二气与五行的正确运行。）从这两段引用，我们可以明显看到其受到中国古代思想的影响。

如果拿上面所引用的《古事记》序的这部分同国土创生神话作比较，序中天皇统治的当为"六合"，这应当和国土创生神话

---

① 飯田季：《日本書紀新講》上卷［M］，明文社，1936年：29—63页。

② 许慎撰，段玉裁注：《说文解字注》［M］，上海古籍出版社，1981年：569页。

③ 郭璞注，邢昺疏：《尔雅注疏》（十三经注疏）［M］，北京大学出版社，2000年：251页。

④ 山口佳紀、神野志隆光校注、译：《古事记》新編日本古典文学全集1［M］，小学館，1997年：17页。

⑤ 山口佳紀、神野志隆光 校注、译：《古事記》新編日本古典文学全集1［M］，小学館，1997年：21页。

中天皇统治的"大八島国（大八島国）"相应，但是"六合"与"大八島国（大八島国）"从字面上看并没有什么关联，如果把天皇统治的神话世界的领土最大限地扩展开去考虑的话，则序中的"八荒"可与"大八島国（大八島国）"相对应，而且"八荒"同"大八島国（大八島国）"含有同样的数字"八"。关于这一点，能够用作参考的是，在"祝词"中所见到的人们对世界的看法。在"祈年祭"的祝词里有下面这样一段文字。

"皇神の見霽かします四方の国は、天の壁立つ極み、国の退き立つ限り、青雲の靉く極み、白雲の堕り坐向伏す限り、青海の原は棹桤干さず、舟の艫の至り留まる極み、大海に舟満ち続けて、陸より往く道は、荷の緒縛ひ堅めて、磐ね木ね履みさくみて、馬の爪の至り留まる限り、長道間なく立ち続けて"①（皇神极目之处四方之国，直到天壁所在的极处，土地的终结之处，青云漂浮的极处，白云低垂的极处。在大海中尽是船只，篙和舵永远不会停歇，航行到船首能够到达的海之尽头。在陆地上，紧缚好货物的绳索，踏进岩石树木之间，直到马蹄可以停留的地之尽头、长长的道路上到处都是往来之人。）

这一段的"祈年祭"祝词反映出了古代日本人对世界的一个观念，那就是具有一定厚度的天之层形成半球形的圆盖覆盖下来，而海之尽头与天，大地之尽头与天是连接在一起的。这一观念称为"天地接合"观。具体可参照胜俣隆先生的论说②，这一

---

① 倉野憲司、武田祐吉校注：《古事記·祝詞》[M]，岩波書店，1958年：391页。

② 勝俣隆：《星座で読み解く日本神話》[M]，大修館書店，2000年：161－177页。「浦島伝説の一要素——丹後国風土記逸文を中心に——」[J]，《国語国文》，1985年，606号：19－32页。

观念在《古事记》的序文中也能见到，如下所示。

"紫宸に御して德は馬の蹄の極まる所に被びたまふ、玄扈に坐して化は船頭の逮ぶ所を照らしたまふ。"① （在皇居中的天皇，德被马蹄所及之大地尽头，光照船头所逮之大海尽头。）

我们可以说"天地接合"是当时一般性的观念。还有，根据这样的观念，从海的尽头，地的尽头是可以登上天上世界去的。实际上在中国的《博物志》中就能见到这样的思想。

西晋张华的《博物志》卷十之"杂说下"中记载有"八月槎"这样一个故事，故事如下所示。

"旧说天河与海通。近世有人居海渚者，每年八月有浮槎去来，不失期，人有奇志，立飞阁于槎上，多赍粮，乘槎而去。十余日中犹观星月日辰，自后茫茫忽忽亦不觉昼夜。去十余日，奄至一处，有城郭状，屋舍甚严。遥望宫中有织妇，见一丈夫牵牛渚次饮之。牵牛人乃惊问曰，'何由至此。'此人为说来意，并问此是何处，答曰，'君还至蜀都访严君平则知之。'竟不上岸，因还如期。后至蜀，问君平，曰，'某年某月有客星犯牵牛宿。'计年月，正此人到天河时也。"②

如上所考察的，在古代中国和古代日本，关于地上世界与天上世界的关系，我们都能看到存在"天地接合"这一观念。由此，日本的"天地接合"观念来自于中国的推测或许也能成立。实际上，先前所见的《古事记》序文中出现的"八荒"，亦能在中国古代文献里找到其出处。下面让我们考察一下"八荒"。

---

① 山口佳紀、神野志隆光校注、译：《古事記》新编日本古典文学全集1 [M]，小学館，1997 年：23 页。

② 张华撰，范宁校证：《博物志校证》[M]，中华书局，1980 年：111 页。

第三节 "八荒"与"天地接合"

中国古代文献中出现的"八"具有多种意义，在本章中，笔者要说的是对本章考察内容至为重要的一个意义，即"八"与大地的关系。

在《管子》中有，"天道以九制，地理以八制，人道以六制。"①《周易》"系辞上"中有，"天一地二，天三地四，天五地六，天七地八，天九地十。天数五，地数五，五位相得而各有合。"② 由于数字数到十又返回了一，或者说已经不再属于个位数了，所以在中国古代，九是阳数（天之数）的极数，而八是阴数（地之数）的极数。"天道以九制"说到了"九"与天的关系，而"地理以八制"说到了"八"与大地的关系。

如果说"地理以八制"，那么就一定会被问道，为何中国大地被称为"九州"的呢？

在《吕氏春秋》"有始览"中有，"天有九野，地有九州。"③《周礼》"春官宗伯"中说"保章氏"："掌天星，以志星辰日月之变动，以观天下之迁，辨其吉凶。以星土辨九州之地，所封封

---

① 黎翔凤撰，梁运华整理：《管子校注》（新编诸子集成）［M］，中华书局，2004年：859 页。

② 朱熹：《周易本义》（朱子全书）［M］，上海古籍出版社，2002 年：129－130 页。

③ 许维遹撰，梁运华整理：《吕氏春秋集释》（新编诸子集成）［M］，中华书局，2009 年：276 页。

域皆有分星，以观妖祥。"① 即说"保章氏"通过观察星之运行、星之明暗及所在位置，来预测天下的变化、判明变化的吉凶。从这里我们知道所谓中国的九州是与天上星宿的九个分野相对应的。

在《尚书》之"禹贡"、《周礼》"夏官司马"之"职方氏"、《吕氏春秋》之"有始览"、《尔雅》之"释地"、《淮南子》之"墬形训"等等中都记载着九州的九个地域名。虽说其名表述略有不同，但九州这一叫法可以说自古以来就是中国的同义语。

在《史记》"孟子荀卿列传"中有："（邹衍）以为儒者所谓中国者，于天下乃八十一分居其一分耳。中国名曰赤县神州。赤县神州内自有九州，禹之序九州是也，不得为州数。中国外如赤县神州者九，乃所谓九州也。于是有裨海环之，人民禽兽莫能相通者，如一区中者，乃为一州。如此者九，乃有大瀛海环其外，天地之际焉。"②

在《论衡》"谈天"中有："邹衍之书，言天下有九州……"禹贡"九州，方今天下九州也，在东南隅，名曰赤县神州。复更有八州，每一州者四海环之，名曰裨海。九州之外，更有瀛海。"③ 文中写道除中国之外另有八州。

在《盐铁论》"论邹"中有，"所谓中国者，天下八十一分之一，名曰赤县神州，而分为九州。绝陵陆不通，乃为一州，有

---

① 郑玄注，贾公彦疏：《周礼注疏》（十三经注疏）[M]，北京大学出版社，2000年：827-828 页。
② 司马迁：《史记》[M]，中华书局，1959 年：2344 页。
③ 王充著，黄晖校释：《论衡校释》（附刘盼遂集解）[M]，中华书局，1990 年：473 页。

大瀛海圜其外。此所谓八极,而天地际焉。"① 令人注意的是《盐铁论》"论邹"中的"大九州之外有巨大的海包围着,一直达到天地的尽头,叫做八极。"以及《说苑》"辨物"中的"八荒之内有四海"② 这些话。也就是说,形容无边无际的大地时,使用了"八极"、"八荒"等词语。

在《淮南子》"墬形训"中有,"天地之间,九州八极……九州之大,纯方千里,九州之外,乃有八殥,亦方千里……八殥之外,而有八纮……八纮之外,乃有八极……"③ 文中提到天地之间有九州八极。

综上所述,在古代中国,没有边际的大地或者天地之间的空间与数字"八"具有关联。通过考察,明了之事如下所述。结合《史记》、《论衡》、《盐铁论》、《淮南子》的记载,我们可以知道中国的领土被称为"赤县神州",而分为九个地域,这个是一般我们所说的九州。与此"赤县神州"相同的另外还有八个州,"赤县神州"与另外八州共九个州合并在一起形成一个大州。更进一步,九个这样的大州齐集在一起作成地上世界。而后,此大地的最外侧称之为"八极",那里是地之尽头,与天连在一起。即数字"八"与无际的大地或天地之间的空间关联在了一起。也就是说用数字"八"表现了平面世界的领域的极限。以上述中日共通的"天地接合"观来看,由于在中国,大地的尽头为"八极",终究,"八"在中国亦是与大地尽头相关联的数字,所以与

① 王利器撰:《盐铁论校注》[M],中华书局,1992年:551页。
② 刘向撰,向宗鲁校证:《说苑校证》[M],中华书局,1987年:445页。
③ 何宁撰:《淮南子集释》(新编诸子集成)[M],中华书局,1998年:311-335页。

日本"大八島（大八島）"的构想是存在内在联系的。

第四节 中国古代文献中表示"完全、圆满" 之意的圣数"八"

中国自古以来就有通过数字来认识世界的思想。在数字一到十二中，或是通过使用某些数字的组合，或是使用某些数字的倍数。特别是在叙述天文、地理、人事、哲理等场合，经常会看到这些数字的使用。

作为中国的制度，以天子为首，通过数字的"九、七、五、三"或者"八、六、四、二"的顺序来设定尊卑。在制度上最尊贵的使用数字"九"或"八"。由于天子是上天之子，是人类社会中最为尊贵的存在，所以使用天之数中的最大数"九"。那为什么"十"不作最大数来用呢。虽然数字"十"具有完全、圆满、多数等等的含义，但是其比天之数中的最大数"九"更大，而且可以说"十"又回到了"一"（可以考虑为"十"是"九"加上"一"而成的）。或者说十已经不是个位数了，不把它看成根本的数字，因此"十"一般并不作为最大数使用。

在中国古代文献中，还可以见到许多含有数字"八"的用法，比如，八法、八则、八柄、八统、八職、八珍、八刑、八命、八矢、八辟、八成……

在《汉书》"律历志"中有，"人者，继天顺地，序气成物，统八卦，调八风，理八政，正八节，谐八音，舞八佾，监八方，被八荒，以终天地之功，故八八六十四。……《书》曰，'天功人其代之.'"① 八风、八节、八音、八方、八荒等与天候、时节、方位等与时空的描述相关。通过端正天候、时节、方位，则使得万物顺利发展，政治也会温和平稳，当然这也会与"八政"有关联的吧。另外在中国古代文献中与时空相关的词语还有，八表、八达、八海、八演、八宇、八极、八野、八柱、八川、八薮、八通之鬼道等等。

据上一段所述可知，"八"是与天候、时节、方位等有关的，是关于时空的数字。另外在表示时间、人数、距离等数量时，作为数量众多的意思，"八、八十、八百、八千"这样的用法数不胜数。

还有如"八政"、"八神"这样的，多见在一个重要主题之下，分述八个事物的用法。再有如"八恺"、"八元"这样的，在叙述有德有能的人物时，使用数字"八"。如此一来，我们是否可以认为"八"是一个表示完全、完善、圆满之意的神圣数字呢？

奇数为阳数，偶数为阴数，笔者认为中国人并非就是喜欢使用阳数的，不如说中国人是喜欢使用偶数的。这里说的偶数是除了零之外，能够分解成两个相同的自然数的数字，那么使用偶数就意味使用一对数字之和，可以认为其包含了阴阳调和的意思。因为对中国人而言，阴阳调和比什么都重要。另外，天之数中最大的数字是"九"，地之数中最大的数字是"八"，"九"与"八"到底哪一个更多用在表示"完全、圆满"之意上呢？笔者认为中国人还是喜欢用数字"八"来表示多数或"完全、圆满"

---

① 班固:《汉书》[M]，中华书局，1962 年：963 页。

之意的情况更多。不管如何，不单单是"九"，自古以来在中国，"八"也是表示完善、完全、圆满之意的神圣的数字。

总 结

上文把日本《古事记》中出现的国土创生神话中的"八"同中国古代文献中出现的"八"进行了考察与比较。作为考察研究的结果，笔者发现，迄今，"九州"代表着中国的大地，那是用数字"九"来表现的，被大家认为与表示日本国土的"大八岛国（大八岛国）"的"八"完全没有关联，但是如果注意到在"九州"的外围存在着作为大地尽头的"八荒"或说"八极"，那么无论中国还是日本，用具有"完全"之意的神圣的数字"八"表示广袤无边的大地这一点可以说是共通的。《古事记》的序文中有"天統を得て八荒を包ねたまひき（继承了上天的正统给八方最远的地方都带去了秩序。）"这一句，我们可以用"八荒"这一词语来换言"大八岛国（大八岛国）"这一点来看，也能说明两国的数字"八"的含义上具有上述的共通性这一观点是正确的。通过本章的比较研究，我们可以认为，日本神话中所见到的"大八岛国（大八岛国）"之"八"中包含的表示完全、圆满之意的圣数观念很有可能是从中国古代文献中的数字"八"的圣数观念继承而来的。

第五章　关于《古事记》黄泉国神话中的"八雷神"的考察

上一章中，对国土创生神话中出现的数字"八"的含义同中国古代文献中的"八"进行了比较研究，事实上，在《古事记》中，关于数字"八"或与"八"相关的构造有很多，可以说这是《古事记》的一个特征。其中，明显与神的身体有关的数字"八"共有四处，在本章，想就其中的"黄泉国"神话中的"八雷神"进行一番考察。

首先，让我们来看看《古事记》中的记载。

"伊耶那岐命"在黄泉国同"伊耶那美命"的灵魂（幽灵）相遇后，当"伊耶那美命"去和黄泉神商谈自身的去留之事时，让"伊耶那岐命"在殿外等候，而且要求"伊耶那岐命"不能去看她的身体。但"伊耶那美命"迟迟未能现身，实在等待不下去的"伊耶那岐命"就点了火进入了殿中。关于这个场面，在《古事记》中这样写的："其の殿の内に還り入る間、甚久しくして、待つこと難し。故、左の御みづらに刺せる湯津々間櫛の男柱を一箇取り闕きて、一つ火を燭して入り見し時に、うじたかれころろきて、頭には大雷居り、胸には火雷居り、腹には黒雷居り、陰には析雷居り、左の手には若雷居り、右の手には土雷居り、左の足には鳴雷居り、右の足には伏雷居り、并せて八くさの雷の神、成り居りき。"①（"伊耶那美命"回去殿中之后，"伊耶那岐命"久久等待直到无法忍受，遂折断了插在左边"耳鬘"上的神圣木梳的一个木齿，点起了火把，入殿后看到"伊耶那美命"的身体上满是翻滚蠢动的蛆，其头部有"大雷"，胸部有"火雷"，腹部有"黑雷"，阴部有"析雷"，左手有"若雷"，右手有"土雷"，左脚有"鸣雷"，右脚有"伏雷"，共有八种雷神。）

　　上述场面中登场的"八雷神"，为何使用了数字"八"来表现呢？让我们从考察先行研究开始，来做进一步了解。

第一节　关于先行研究中的观点

　　"伊耶那岐命"点了火把进入殿内查看时，发现在"伊耶那美命"的身体上生有"八雷神"。关于这个"八雷神"的故事，在先行研究中有如下观点。

　　竹野长次先生说道："有研究说八雷神意味着蛇，本人认为是对其丑恶污秽的形象所传达出的恐怖的具体形象化，或者是死神的具体形象化。"②

① 山口佳紀、神野志隆光校注、译：《古事記》新编日本古典文学全集1［M］，小学馆，1997年：45-46页。
② 竹野長次：《古事記の民俗学的考察》［M］，早稻田大学出版部，1950年：90页。

西乡信纲先生则在"八雷神"的注中写道："总之其意义在于在女神溃烂的尸体中形成了各式各样模样可怖的魔物①。文中不单单表示了其数量的多，还一一列举八个神的名称及所处的位置，这不过是《古事记》一贯的表现方式罢了。"②

福岛秋穗先生说，"八雷神（八色雷公），正如中国自古以来所有的那样，是否可以考虑为某种兽类呢？"③

另外，下面两位先生的研究，指出了从火神"迦具土神"的尸体生成神灵的神话与"伊耶那美命"的身体上显现"八雷神"的神话具有共通点。

尾崎畅殃先生的观点是："'迦具土神'尸体的各个部位生成了各种神灵的故事，或许不过是来自原始人类共通思维的一个例子，即便不是如此，中国的传说在传入日本后经过长时间发展融合，已经到了无法区别构成神话的是中国要素或是日本要素的程度，在选录《古事记》时，被编撰者处理成了这个样子。虽然是这样，如果把从火神尸体的各个部分生成八种山神的情节除去，也不会影响整个故事的推进。或者说，这或许和从伊耶那美命的尸体的各个部分（头、胸、腹、阴部、左手、右手、左脚、右脚）出现了八种神灵的传说是由同一个根基上分化出来的。"④

次田真幸先生指出："'カグツチの神'⑤，可以认为是雷火

① 西乡信纲先生论著中所写的是"イカヅチ"。而"イカヅチ"在日语中既有"魔物"的意思，也可以表示"雷"。根据其原著中的上下文关系，笔者认为把它译成"魔物"符合作者的观点。
② 西郷信綱：《古記事注釈》第一卷［M］，平凡社，1975年：180－181页。
③ 福島秋穂：《記紀神話伝説の研究》［M］，六興出版，1988年：117页。
④ 尾崎畅殃：《古事記全講》［M］，加藤中道館，1966年：61－62页。
⑤ 即是"迦具土神"，此处使用了片假名标注读音。

之神，大概是基于山和雷的关系的一种传承吧。并且我觉得，该传承和伊耶那美命的尸体的头、胸、腹、阴部、左手、右手、左脚、右脚中分别生成八种雷神的传承属于同一类型的化生神话，其间似有某种关联。"①

另外，笔者从有关"八雷神"的注释及译文②来看，基本都将其解释说明为死的污秽的表象或直接按照字面理解成雷神的意思。但是，几乎在哪本注释书上都没有找到关于为何雷神是"八"种的解释说明。

第二节 对中国古代文献中的"八"的考察

从笔者考察过的文献和论著来看，无论在先行研究还是在注释中，均无法找到有关"八雷神"的"八"的具体意义的详细说明。

而笔者认为，恰恰是这个"八"中，隐藏着很重要的意义。"八"这个数字在日本民族中，在表示多数的意义之外，如上一章所论述的，还经常被作为圣数，具有完全、圆满之意的数字使用，那么"八雷神"中的"八"到底该如何解释呢？下面笔者将通过比较中国古代文献中的例子来一探究竟。

在中国的《史记》之"刺客列传"中，有这么一段记载：

---

① 次田真幸：《古事記》[M]，講談社，1977 年：60 页。
② 参见倉野憲司、武田祐吉、次田真幸、西宫一民、山口佳紀、神野志隆光等注释的《古事記》。

"荆轲逐秦王、秦王环柱而走。……秦王复击轲、轲被八创。"①

《战国策》之"燕太子丹质于秦亡归"中也有相同记载。②另外，在《汉书》之"薛宣朱博传"中，有如下内容："哀帝初即位，博士申咸给事中，亦东海人也，毁宣不供养行丧服，薄于骨肉，前以不忠孝免，不宜复列封侯在朝省。宣子况为右曹侍郎，数闻其语，赇客杨明，欲令创咸面目，使不居位。会司隶缺，况恐咸为之，遂令明遮斫咸宫门外，断鼻唇，身八创。"③

例如，在《史记》"刺客列传"中，想要暗杀秦王的燕国刺客荆轲，在暗杀失败后，身体被"八创"。此处，文中的"八创"这个词引起了笔者的注意。笔者认为该处的"八创"是否意味着某种法术呢？从字面上看"八创"应该指的是弄伤身体的八个部位，比如说，刺伤对方的两手腕、两腿、胸部、腹部、双目等，这是完全可以想象的。但如果是要致命的话，只要使得身体的一二处重要部位受伤即可，没有必要特意刺伤八个部位吧。

那么为何需要"八创"呢？是否可以认为，此处的"八"不单单是"多"的意思，而是要通过"八创"这一方式让对方处于永远无法动弹的状态，从而使其再也无法对自身造成伤害呢？也就是说，可以认为"八创"的"八"带有"完全"的含义，"八创"就是完全致伤对手的意思。

另外，在中国，有关"蚩尤"的记录，早见于《庄子》、《山海经》、《史记》等，下面是中国南北朝时期的《水经注》中的记载。"皇览曰，山阳巨野县，有肩髀冢，重聚大小，与阚冢

① 司马迁：《史记》[M]，中华书局，1959年：2535页。
② 刘向著，刘晓东等点校：《战国策》[M]，齐鲁书社，2000年：361页。
③ 班固：《汉书》[M]，中华书局，1962年：3394-3395页。

等。传言蚩尤与黄帝战，克之于涿鹿之野，身体异处，故别葬焉。"①

黄帝在战争中战胜了蚩尤，杀了蚩尤之后，他的尸体被分成数块而埋葬于各处。文中称为"别葬"。后世的《太平御览》中也有大致相同的记载。在古时蚩尤被视为战神。《史记》"封禅书"中，有如下记载："于是始皇遂东游海上，行礼祠名山大川及八神，求仙人羡门之属。八神将自古而有之，或曰太公以来作之。齐所以为齐，以天齐也。其祀绝莫知起时。八神，一曰天主，祠天齐。天齐渊水，居临菑南郊山下者。二曰地主，祠泰山梁父。盖天好阴，祠之必于高山之下，小山之上，命曰'畤'。地贵阳，祭之必于泽中圜丘云。三曰兵主，祠蚩尤。"②

上文的大意是，秦始皇去东边游览大海，祭祀名山大川及八神，并寻找像羡门那样的仙人。八神自古以来就有，或者从太公（即太公望吕尚）的时代开始，其存在就为人所知了。八神的第三位就是被称为"兵主"的蚩尤，也就是战神。就是对这个战神蚩尤，黄帝使用了"别葬"的手段，即令他的身体分葬于不同之处。这难道不是有通过这种手段使其无法再度复活，镇压住其恶灵的意思吗？

从上面的两处引用我们可以推测，在中国古代，为了镇压恶灵会使用"别葬"这种手段。另外，如果笔者的想法是正确的话，为了达到使对方永远无法动弹，永远无法再伤害自己的目的，也会使用"八创"这种手段吧。

---

① 郦道元，陈桥驿等译注：《水经注全译》 [M]，贵州人民出版社，1996 年：287 页。

② 司马迁：《史记》[M]，中华书局，1959 年：1367 页。

第三节　关于"八雷神"中的"八"的含义

　　关于"八雷神"的"雷神"到底是何方神圣，有很多种说法。其中，笔者注意到松村武雄先生的一个观点。在其"被故事化的阻止死灵追踪仪式"一文中，有这么一段话："'伊耶那岐命'对'伊耶那美命'的偷窥行为，在《古事记》、《日本书纪》中，属于禁忌破坏，因而当然招致了'伊耶那美命'的愤恨，于是乎'伊耶那美命'便让'泉津丑女'①及'八雷神'（伴随着千五百的黄泉军）去追赶逃走的'伊耶那岐命'。'伊耶那岐命'为了逃过劫难，采用了各种的手段。……我们日本民族也绝不会是例外。他们也实际操作着阻止死人复活、出现的各种手段。分割死尸是其中一个。平将门的首塚、胴塚、手塚等，散落在我国的各个地方。作为古代的习俗，乱臣贼子的尸体会被分割成几块，然后把它们分别葬于具有一定地形（与风水有关）的地方。这是为了阻止怨灵的出现。……这个习俗，绝不仅仅是后世的东西，至少在奈良时代以前已经是被实践着的了。作为确凿的证据，有'捕鸟部萬（捕鸟部万）'的传说。在《日本书纪》中，作为'物部守屋'的下级官员的'萬（万）'，为了主公和敌人的军队恶斗牺牲之后，书中写道：'河内国司。以万死状牒上朝廷。朝廷下符俾斩之八段散枭八国。河内国司即依符旨临斩枭……'，其尸首被砍成八块在八国示众。这样的分尸分葬，虽然

---

①　即上文提到过的"黄泉国丑女"。

也许较多是在特殊的场合，但是面对死者复活、出现的恐惧，却是一般民众性的，他们会进行较为一般性的阻止方法。"①

　　松村武雄先生所说的"为了阻止死灵的追踪，所以将尸体分成了八块"的说法，不正和中国古代文献中的"八创"或"别葬"是一样的吗？他的论述中，没有把这一段论述明确地和"八雷神"联系起来，但把尸体分成八块这一手段，难道不正是同《古事记》"伊邪那歧命黄泉国访问谭"的最后，"伊耶那岐命"用三个桃子击退了"八雷神"和"黄泉军"一样，都包含了阻止死灵追踪这一思想吗？笔者认为，"八雷神"的"八"难道不是包含了让"伊耶那美命"永远无法动弹，永远无法对"伊邪那歧命"施加危害的"八创"、"别葬"等的含义吗？正如用桃实来祓除邪气②是来源于中国一样，中国的"八创"思想隐藏在日本的"黄泉国"神话中的可能性也不能说没有吧。

总　结

　　因为"八"有表示数量多的意思，说是"八创"，其实比起说实际上刺了八次，或许说成这里那里刺了很多处更加接近于原意，只是后来"八"被当作实际的数值从而使"八创"被解释成了刺八次吧。"伊耶那美命"身体上有"八雷神"这一场景的设置，恐怕同时包含了松村武雄先生的"为了阻止死灵的追踪，所以将尸体分成了八块"之说相当的"八创"和"别葬"这两个

---

① 松村武雄：《日本神話の研究》第二卷 [M]，培風館，1955 年：453 页。
② 请参见拙论第三章的论述。

意思，而"八雷神"则可以认为是其被分割成八块的身体的八个部位分别生有可怕的魔物。笔者认为神话中这样的表现是暗示了因为惧怕"伊耶那美命"的死灵复活，从而将其尸体分割成了八块之意。

第六章　关于"一日绞杀千人"和"一日建起千五百间产房"的新解释

在《古事记》的"黄泉国"神话中有这样一段描写。"最も後に、其の妹伊耶那美命、身自ら追ひ来つ。爾くして、千引の石を其の黄泉ひら坂に引き塞ぎ、其の石を中に置き、各対き立ちて、事戸を度す時に、伊耶那美命の言ひしく、「愛しき我がなせの命、如此為は、汝の国の人草を、一日に千頭絞り殺さむ」といひき。爾くして、伊耶那岐命の詔ひしく、「愛しき我がなに妹の命、汝然為ば、吾一日に千五百の産屋を立てむ」とのりたまひき。是を以て、一日に必ず千人死に、一日に必ず千五百人生るるぞ。"① （最后，妻子"伊耶那美命"亲自追了过来。于是"伊耶那岐命"拉来了"千引之石"堵塞住黄泉国与现世之间的通路——黄泉国平坦斜坡。两神面对面立于巨石的两旁，互相道出断绝夫妻之缘的咒语之际，"伊耶那美命"说道："可爱的我的夫神啊，你这样做的话，我要一日绞杀一千个生活在你所住国土上的人"。"伊耶那岐命"回话道，"可爱的我的妻

---

① 山口佳紀、神野志隆光校注、译：《古事记》新编日本古典文学全集1［M］，小学館，1997年：49页。

神啊，如果你这样做的话，我就一日建起千五百间产房"。就是因为这缘由，在这个现世里，一天中一定会死去一千人，而会有一千五百人出生。）

　　为什么"伊耶那美命"说"一日に千頭絞り殺さむ（一日绞杀千人）"，与此相对，"伊耶那岐命"说"一日に千五百の産屋を立てむ（一日建起千五百间产房）"呢？笔者想作一考察，去解明数字"千"与"千五百"在此神话中出现的理由。

第一节　关于先行研究中的观点

　　笔者未能在先行研究中找到，特别论及"一日に千頭絞り殺さむ（一日绞杀千人）"和"一日に千五百の産屋を立てむ（一日建起千五百间产房）"中数字"千"与"千五百"的意义的论说。

　　而关于"事戸を渡す（互相道出断绝夫妻之缘的咒语）"这一场面的描写，有如下这些观点，"可以看成是人类增殖的故事、断绝夫妻关系的誓言，在那里存在着'言灵'①的思想。"②"说明了人类生与死的起源。"③"是为了说明比起逝去的人，出生的人数更多这一事实。"④"是人口增殖的起源故事。"⑤"讲了夫妇

---

① 言灵，日语写为"言霊"，训读为"ことだま"，指被人们所相信的，在语言中存在的法力。
② 竹野長次：《古事記の民俗学的考察》[M]，早稲田大学出版部，1950年：96页。
③ 倉野憲司校注：《古事記》[M]，岩波書店，1963年：28页。
④ 尾崎暢殃：《古事記全講》[M]，加藤中道館，1966年：70页。
⑤ 武田祐吉译注，中村啓信補訂、解説：《古事記》[M]，角川書店，1977年：29页。

断绝关系、生与死的诀别。"①　"是陈述了人类生多于死之事。"②等等。

确实，"人口增殖"这样的解释合情合理。可是，为何在"事戸を渡す（互相道出断绝夫妻之缘的咒语）"之际，明确使用"千"与"千五百"这两个数字呢？如果单是为了表示"多数"，或者说只为了使用比"千"更大的数而用了"千五百"的话，那么使用其他的数字也未尝不可，所以很难说"人口增殖"这样的解释已经足够充分的了。因此在本章中，笔者试图解明在"事戸を渡す（互相道出断绝夫妻之缘的咒语）"之际，为何使用了"千"与"千五百"这两个数字。

第二节　关于在《古事记》上卷中见到的"五百"及其倍数

在《古事记》上卷中出现过很多的数字，其中吸引笔者的有"五百"及其倍数。关于《古事记》里的"五百"及其倍数的使用，笔者认为存在着几个模式。

第一是"五百"被单独使用的场合。第二是使用"五百"的两倍，即使用"千"的场合。然后还有第三种是使用"五百"的三倍，即使用"千五百"的场合。

关于第一种模式，也就是说单独使用数字"五百"的，在

---

① 西宫一民校注：《古事記》[M]，新潮社，1979 年：39 页。
② 山口佳紀、神野志隆光校注、译：《古事記》新编日本古典文学全集1[M]，小学館，1997 年：48 页。

《古事记》中有数个地方，如下所示。

比如，"誓约"神话里"速須佐男命（速须佐男命）"① 为了生下子神，"天照大御神の左の御みづらに纏ける八尺の勾璁の五百津のみすまるの珠を乞い受け、次に右の御みづらに、次に御縵に、次に左の御手に、次に右の御手に纏ける珠を乞い受ける"②（"速須佐男命（速须佐男命）"乞得"天照大御神"缠在左边"耳鬓"上的由数量众多的八尺勾玉穿起的玉发饰，而后是缠在右边"耳鬓"上的，而后是缠在假发上的，而后又乞得了缠在左手上的，而后是缠在右手上的玉饰。）在此处，只出现了一次"五百津のみすまるの珠（用长线穿起的数量众多的玉）"。本来，加上后续的四次，共计应重复出现五次这样的表现，但从上下文意来看，可以认为本应出现的后续四句"五百津のみすまるの珠（用长线穿起的数量众多的玉）"被省略了，虽然只此一句也足以说其是神话上的重要表现。

有先行研究说"五百津"表示了数量很多的意思。③ 其他的先行研究也大约是这样解释的。

在"天之石屋"神话中，也能够见到这样的表现，"玉祖命に科せ、八尺の勾璁の五百津の御すまるの珠を作らしめて"④（命令"玉祖命"制作用数量众多的八尺勾玉穿起的玉饰），"天

---

① 即前文所述的"須佐之男命（须佐之男命）"。

② 山口佳紀、神野志隆光校注、译：《古事記》新編日本古典文学全集 1 [M]，小学館，1997 年：59 – 61 页。

③ 参见倉野憲司、尾崎暢殃、西鄉信綱、武田祐吉、次田真幸、西宮一民、山口佳紀、神野志隆光等注释的《古事記》。

④ 山口佳紀、神野志隆光校注、译：《古事記》新編日本古典文学全集 1 [M]，小学館，1997 年：59 – 61 页。

の香山の五百津真賢木を、根こじにこじて"① (连根掘取天之香山的枝叶繁盛的神木)。

就像上面讲过的一样，在先行研究中，"五百津"一般就被理解为数量多，或者是"枝叶繁茂的"的意思。但是，西乡信纲先生也曾说道，"不如说'イホッ'②是赞美神圣之物的词语。"③

在"拜访根之坚州国"神话中，"大穴牟遅神（大穴牟迟神)"趁着"速須佐男命（速须佐男命)"熟睡之时，"五百引の石を其の室の戸に取り塞ぎ"④ (把"五百引之石"堵在其室入口)。

关于"五百引の石（五百引之石)"，在先行研究中，一般认为是"要五百人才能拉动的巨大岩石"之意。对于这个解释，西宫一民先生说："与'千引きの石（千引之石)'是一样的。"次田真幸先生也说："和'千引きの石（千引之石)'是同类的词语，'五百引'与'千引'被大家认为没有必要区别对待。"⑤

第二种模式是使用数字"千"的场合。比起第一种使用数字"五百"的模式，其出现得更为频繁。

首先我们来看"千引の石（千引之石)"。"伊耶那岐命"、"伊耶那美命"两神在互相道出断绝夫妻之缘的咒语之际，"千引の石を其の黄泉ひら坂に引き塞ぎ、其の石を中に置き、各对き

---

① 参见仓野宪司、尾崎畅殃、西乡信纲、武田祐吉、次田真幸、西宫一民、山口佳纪、神野志隆光等注释的《古事記》。

② 即指"五百津"。

③ 西鄉信綱：《古記事注釈》第一卷［M］，平凡社，1975年：330页。

④ 山口佳纪、神野志隆光校注、译：《古事記》新編日本古典文学全集1［M］，小学館，1997年：83页。

⑤ 参见仓野宪司、尾崎畅殃、西乡信纲、武田祐吉、次田真幸、西宫一民、山口佳纪、神野志隆光等注释的《古事記》。

立ちて"①（"伊耶那岐命"拉来了"千引之石"堵塞住了黄泉国与现世的通路黄泉国平坦斜坡。巨石隔在中间，两神面对面站立在巨石的两边。）"另外还有，"苇原中国的平定"神话中，"建御名方神"来与"建御雷神"会面之际，"千引の石を手末に擎げて来て"②（用手指抓举着千引之石而来）。

在先行研究中，对于"千引の石（千引之石）"，普遍的解释是"需要一千人才能拉动的巨大岩石"③，更多的详细分析是没有的。

另外，在"大国主神让国"神话中，有"栲縄の千尋縄打ち莚へ"④（伸展开千寻的长绳）。在"驱逐速须佐之男命"神话中，有"速須佐之男命に千位の置戸を負ほせ"⑤（让"速须佐之男命（速須佐之男命）"负担许多偿罪之物）。

先行研究中说："千尋縄（一千寻长的绳子）"是很长很长的绳子之意⑥。而把"千位の置戸"理解为许许多多偿罪用的物品⑦。就是把"千"含混笼统地当作数量多的表现。

① 山口佳紀、神野志隆光校注、译:《古事記》新編日本古典文学全集 1 [M]，小学館，1997 年: 109 頁。
② 参见倉野憲司、尾崎暢殃、西郷信綱、武田祐吉、次田真幸、西宮一民、山口佳紀、神野志隆光等注释的《古事記》。
③ 山口佳紀、神野志隆光校注、译:《古事記》新編日本古典文学全集 1 [M]，小学館，1997 年: 113 頁。
④ 山口佳紀、神野志隆光校注、译:《古事記》新編日本古典文学全集 1 [M]，小学館，1997 年: 67 頁。
⑤ 参见倉野憲司、尾崎暢殃、西郷信綱、武田祐吉、次田真幸、西宮一民、山口佳紀、神野志隆光等注释的《古事記》。
⑥ 参见参见倉野憲司、尾崎暢殃、西郷信綱、武田祐吉、次田真幸、西宮一民、山口佳紀、神野志隆光等注释的《古事記》。
⑦ 山口佳紀、神野志隆光校注、译:《古事記》新編日本古典文学全集 1 [M]，小学館，1997 年: 46 頁。

　　看到上述的"千引"、"千寻"、"千位",确实可以认为
"千"表示了数量多的意思。可是,如果只是表示数量多,那么
我们就不明白其与"五百"、"千五百"到底有什么区别。也就是
说,在那个场合下,不知道有什么必要使用数字"千"。

　　在笔者看来,"千"是《古事记》的编纂者有意识地作为
"五百"的倍数来使用的,而在使用上其与"五百"、"千五百"
有着明显的区别。如在"火遠理命(火远理命)"遗失了兄长
"火照命"的钓钩之后,折断了挂在腰间的"十拳剑",打算赔
偿,书中写道火遠理命(火远理命)的行为,"五百の鉤を作り、
償へども、取らず。亦、一千の鉤を作り、償へども、受けずし
て"① (制作了五百个钓钩赔偿不被接受,又制作了千个钓钩赔偿
还是未被接受)。根据引用,我们可以知道《古事记》中,是有
意识地以"五百"为基数来使用"千"的。

　　第三种模式是使用数字"千五百"。具体如下所述。

　　在"黄泉国"神话中,"伊耶那岐命"见到"伊耶那美命"
的形体后感到非常的恐惧,从黄泉国逃离之时,"伊耶那美命"
命令道:"其の八くさの雷の神に、千五百の黄泉軍を副へて追
はしめき"(令八雷神带领着千五百的黄泉军去追赶)。在"伊耶
那岐命"、"伊耶那美命"两神互相道出断绝夫妻之缘的咒语之
时,有这样一段描写。"伊耶那美命の言ひしく、「愛しき我がな
せの命、如此為は、汝の国の人草を、一日に千頭絞り殺さむ」
といひき。爾くして、伊耶那岐命の詔ひしく、「愛しき我がな
に妹の命、汝然為ば、吾一日に千五百の産屋を立てむ」とのり

———————————

① 山口佳紀、神野志隆光校注、译:《古事記》新編日本古典文学全集1 [M],小
　 学館,1997年:125-126页。

たまひき。"（"伊耶那美命"说道："可爱的我的夫神啊，你这样做的话，我要一日绞杀一千个你所住国土上的人。""伊耶那岐命"回话道："可爱的我的妻神啊，如果你这样做的话，我就一日建起千五百间产房。"）

关于"千五百の黄泉軍（千五百的黄泉军）"，先行研究中说，"千五百并非是实指的数量，而是表示数量很多的意思"。①或，"黄泉国的大量兵力之意"② 等等。

另外还有一种用法可以被认为是"千五百"的变形。虽然在使用的趣旨上和"千五百"有共通性，但是把"千五百"分割成"千"和"五百"来用。比如，"须佐之男命上天"神话中，"天照大御神（天照大御神）"担心弟弟"须佐之男命（须佐之男命）"是来夺取自己的国土的③，摆出了战斗的架势，"そびらには、千人の靫を負ひ、ひらには、五百人の靫を附け"④（在盔甲的后背部负着放入了千枝箭的箭袋，在盔甲的前胸部负着放入了五百枝箭的箭袋）。这里可以认为"千五百"的矢，被分割成了"千"矢与"五百"矢。

另在"苇原中国之平定"神话中，天孙⑤所领有的国土的名

---

① 山口佳紀、神野志隆光校注、译：《古事記》新编日本古典文学全集 1 [M]，小学館，1997 年：46 頁注 6。

② 西郷信綱：《古記事注釈》第一卷 [M]，平凡社，1975 年：184 頁。

③ 这里的"天照大御神"即"天照大神"，其被父神"伊耶那岐命"委派为天上世界"高天原"的统治者。其统治的"国土"就是指天上世界"高天原"。

④ 山口佳紀、神野志隆光校注、译：《古事記》新编日本古典文学全集 1 [M]，小学館，1997 年：27 頁。

⑤ 山口佳紀、神野志隆光校注、译：《古事記》新编日本古典文学全集 1 [M]，小学館，1997 年：99 頁。

字是"豊葦原千秋長五百秋水穂国(豊葦原千秋長五百秋水穂
国)"①。这里的"千秋長五百秋"也可以考虑为把"千五百秋"
分割成了"千秋"与"五百秋"。关于"千秋長五百秋",在先
行研究中可以见到"很长的岁月"、"永远延续的"等等的解释。
这里也应这样来理解,即,使用"千秋長五百秋"同单独使用
"千秋"或单独使用"五百秋"的趣旨是不一样的。

第三节 对中国古代文献的考察

通过对中国古代文献中"五百"的考察,我们发现"五百"
是一个十分重要的数量单位。首先,在谈及人数的时候,把"五
百"作为单位的事例实在是不可枚举,还有在地理上以"五百"
为单位的②,在刑法上以"五百"为单位的③。在《孟子》"公孙
丑章句下"有:"五百年必有王者兴,其间必有名世者。"④ 在其
"尽心下"有关于每相隔五百余年有圣人出现的描述。⑤ 这"五

---

① 参见参见倉野憲司、尾崎暢殃、西鄉信綱、武田祐吉、次田真幸、西宮一民、山
口佳紀、神野志隆光等注释的《古事記》。

② 孔安国传,孔颖达疏:《尚书正義》(十三经注疏)[M],北京大学出版社,2000
年:199-200页;郑玄注,贾公彦疏:《周礼注疏》(十三经注疏)[M],北京
大学出版社,2000年:897页、1030页;司马迁:《史記》[M],中華書局,
1959年:75页;班固:《漢書》[M],中華書局,1962:1537页。

③ 郑玄注,贾公彦疏:《周礼注疏》(十三经注疏)[M],北京大学出版社,2000
年:1107页。

④ 赵岐注,孙奭疏:《孟子注疏》(十三经注疏)[M],北京大学出版社,2000年:
149页。

⑤ 赵岐注,孙奭疏:《孟子注疏》(十三经注疏)[M],北京大学出版社,2000年:
480-481页。

百年必有王者兴"这样的说法，笔者觉得与天文是有关联的。

"五百"、"千五百"在天文上也确实是十分重要的数字。《淮南子》"天文训"中有："天一元始，正月建寅，日月具入营室五度，天一以始建七十六岁，日月复以正月入营室五度无余分，名曰一纪。凡二十纪，一千五百二十岁大终，日月星辰复始甲寅元。"① 《周髀算经》上说："阴阳之数，日月之法。十九岁为一章。四章为一蔀，七十六岁。二十蔀为一遂，遂千五百二十岁。三遂为一首，首四千五百六十岁。七首为一极，极三万一千九百二十岁。生数皆终，万物复始。天以更元，作纪历。"② 《后汉书》"律历下"有："纪法，千五百二十。"其注引用《月令章句》写道："纪，还复故历。"③ 这些引用中我们可以看到出现了"一千五百二十岁大终"、"二十蔀为一遂，遂千五百二十岁"、"纪法，千五百二十"等等。

另外，《汉书》"律历志上"有："《易》曰：'参天两地而倚数。'天之数始于一，终于二十有五。其义纪之以三，故置一得三，又二十五分之六，凡二十五置，终天之数，得八十一，以天地五位之合终于十者乘之，为八百一十分，应历一统千五百三十九岁之章数，黄钟之实也。"④ 这里我们看到出现了"一统千五百三十九岁"。虽说"千五百三十九年"和"千五百二十年"有一章（十九年）之差，但是这千五百有余之数明显是中国古代天文

① 何宁撰：《淮南子集释》（新编诸子集成）［M］，中华书局，1998 年：203－205 页。

② 赵君卿注，甄鸾重述，李淳风等奉敕注释，赵开美、毛晋校：《周髀算經》四部丛刊［M］，上海涵芬楼借南陵徐氏积学斋藏明刊本。

③ 范晔：《后汉书》［M］，中华书局，1965 年：3058 页。

④ 班固：《汉书》［M］，中华书局，1962 年：963 页。

学上的重要数字。

《史记》之"天官书"中有这样的记载,"夫天运,三十岁一小变,百年中变,五百载大变。三大变一纪,三纪而大备。此其大数也。为国者必贵三五。上下各千岁,然后天人之际续备。①""千五百三十九年"和"千五百二十年"的约数正好是《史记》中所说的"一纪",而中国古代贵用"三五",其三分之一的"五百"也应当是个神圣的数字。

据《史记》"天官书"之文所知,"五百载大变",即把经过"五百年"的岁月称之为"大变"。"三大变一纪",即把三倍"大变"之年数的"千五百年"称之为"一纪"。在中国文化圈下的古代日本,或许《古事记》的编纂者也是有意识地以"五百"为基数,使用其三倍之数"千五百"。

《史记》"天官书"中还有"为天数者,必通三五"②。由此可知数字"三"、"五"也应与天文有着密切联系。说起来,《周易》"系辞上"有:"天一地二,天三地四,天五地六,天七地八,天九地十。天数五,地数五,五位相得而各有合。"③ 由此可知,阳数(奇数)为天之数,阴数(偶数)为地之数。

再者,《周易》"说卦"说道:"昔者圣人之作《易》也,幽赞于神明而生蓍,参天两地而倚数,观变于阴阳而立卦,发挥于刚柔而生爻,和顺于道德而理于义,穷理尽性以至于命。"④ 关于其中"参天两地而倚数"这一句,前文已经提过,这里再重复说

---

① 司马迁:《史记》[M],中华书局,1959 年:1344 页。
② 司马迁:《史记》[M],中华书局,1959 年:1351 页。
③ 朱熹:《周易本义》(朱子全书)[M],上海古籍出版社,2002 年:129-130 页。
④ 朱熹:《周易本义》(朱子全书)[M],上海古籍出版社,2002 年:153 页。

一下。在本田济先生的著书《易》中写道，"这里的'参'与'两'即含有天地并列之意，也包含了三、二的数字的意义。唐代的孔颖达说，'三'是奇数（天之数）的代表，'二'是偶数（地之数）的代表，没有把'一'作为奇数的代表，是因为，天之德已经包含了地之德的缘故，就是说一含二成三。朱子与此相对，这样说道。天为圆形，而地是正方形的。因为圆周为直径的三倍，所以天之数是三。正方形的周长是一条边长的四倍，因为四是二的两倍，所以地之数是二。圣人以'三'为天之数，以'二'为地之数，并以此为据，推衍了立卦所必需的七（少阳）、八（少阴）、九（老阳）、六（老阴）之数。'倚数'的意思是，让所有的数依存于三和二。七是两个二加上一个三，八是两个三加上一个二，九是三个三，六是三个二。"① 无论是依据孔颖达的说法，还是朱熹的观点，"三"为天之数，"二"为地之数，这是没有改变的。

第四节　在《古事记》中受到"参天两地"影响的表现

在《古事记》中，从"天地初始"神话开始，就可以反复见到"三、五"的构造。比如，在"天地初始"的神话里的造化三神与五对对偶神可被看作"三、五"构造。"誓约"神话中出现的三女神和五位男性神也可以被认为是"三、五"构造。还有在

① 本田济：《易》[M]，朝日新闻社，1966年：564页。

"天孙降临"神话中，作为五部族首领的神"天児屋命（天儿屋命）、布刀玉命、天宇受売命、伊斯許理度売命（伊斯许理度売命）、玉祖命"跟随天孙从天而降是"五"的构造，而"天照大御神"与"高木神"所赐的"常世思金神、手力男神、天石門別神（天石门别神）"以及"三种神器"则是"三"的构造，从全体来看，毕竟是同一神话中同时出现"五"与"三"的构造，也可以认为是"三、五"构造的应用。

如果从《史记》"天官书"的"为天数者，必通三五"的"三、五"与天文有关的表现来看，从神话上而言，在上述这些场合中见到的"三、五"，可以推测是与天上世界即"高天原"有关联。

一方面，"伊耶那岐命"和"伊耶那美命"所生的"大八岛国（大八岛国）"则是"二"的倍数，"大八岛国（大八岛国）"之后所生的六个小岛也是"二"的倍数，这让笔者意识到同地上世界之"葦（苇）原中国"相关的数字或许与"两地"的观念有关。

如果把表示数量多的圣数"五百"乘以"参天两地"的话，那么就引出了数字"千五百"与"千"。由于"参（三）"是代表天的数字，"两（二）"是代表地的数字，当然在某种意义上，"千"是与地（大地之葦（苇）原中国）紧密联系的数字，而"千五百"是与天（天上世界之高天原）紧密联系的数字，而表示数量众多之意的圣数"五百"则是这两数的根本。

第五节 关于"一日に千頭絞り殺さむ（一日绞杀千人)"与"千五百の産屋を立てむ（一日建起千五百间产房)"的解释

基于上文的考察，让我们来考虑一下，"黄泉国"神话的末尾，在"伊耶那岐命"、"伊耶那美命"两神互相道出断绝夫妻之缘的咒语之际，为什么"伊耶那美命"说"一日に千頭絞り殺さむ（一日绞杀千人)"，而"伊耶那岐命"说"千五百の産屋を立てむ（一日建起千五百间产房)"。

松村武雄先生说："人类生杀问答不应理解为以人民的繁衍增长概念为核心的言语上的争锋。两神中，一位是光明世界的最尊贵的神灵，一位是幽冥界的主人，我们应该把它理解为，如今显然已经互相分开的两神之间施行的咒术性质的言语争论表现吧。然后在这个咒术性质的言语争论中，把"伊耶那岐命"作为胜利的一方，鲜明地体现了古代日本民族严格区别光明世界和幽冥世界的意识。"① 在这段文字中，笔者认为有必要重视一下"古代日本民族的严格区别光明世界和幽冥世界的意识"这一句话。

大林太良先生说道："这种幽与显的对立，在有'黄泉醜女（黄泉丑女)'登场的'伊耶那岐命黄泉国访问神话'中也十分显著。也就是说'伊耶那岐命'代表了生的世界、显的世界，而'伊耶那美命'和'黄泉醜女（黄泉丑女)'则代表了幽之世界。

---

① 松村武雄：《日本神話の研究》第二卷［M］，培風館，1955 年：490 頁。

这里应该注意的是，对于属于显的世界的'シコヲ'①，'シコ
メ'则属于幽的世界，互相之间是相反世界的存在。对应于这样
的对立关系，还有'シコヲ'为男性，'シコメ'为女性。这样
的性别上的对立可以说是解明幽显构造的重要线索。……关于两
分的对立构造，并非从一开始就以涵盖全部内容的单一体系作为
前提，而是从多个体系并存这一设想出发来考虑是更为恰当
的吧。"②

　　而指出"伊耶那岐命"和"伊耶那美命"两神具有天父神和
地母神的性质的论说已经有很多了。③

　　从笔者看来，"伊耶那岐命"、"伊耶那美命"两神相隔于
"千引の石（千引之石）"互相道出断绝夫妻之缘的咒语，正是表
现了天（天父神）与地（地母神）的对立。在那个场景中，"伊
耶那美命"说"汝の国の人草を、一日に千頭絞り殺さむ（一日
绞杀千个住在你的国土上的人）"，"伊耶那岐命"说"吾一日に
千五百の産屋を立てむ（我将一日建起千五百间产房）"这如同
争论的对话，难道不正与"参（三）天两（二）地"的数字相
对应吗？具体而言，可以做如下解释。"千"是"五百"的二倍，
"千五百"是"五百"的三倍，该神话里，表记为"千"与"千

_____

① "シコヲ"是"大国主神"的别名"葦原醜男"中的"醜男"的念法，在此处即
　　是指"大国主神"，与后面的"シコメ"相对。"シコメ"是"黄泉醜女"中的
　　"醜女"的念法。"葦原醜男"是《日本书纪》中的汉字名表记方法，《古事记》
　　中表记为"葦原色許男神"，当然两者的意思是一样的。和"黄泉醜女"意思一
　　样的在《日本书纪》中表记为"泉津醜女"，在《古事记》中其名全使用万叶假
　　名来表记，为"予母都志許売"。
② 大林太良:《日本神話の構造》[M]，弘文堂，1975 年：118 – 119 页。
③ 金子武雄:《古事記神話の構成》[M]，桜楓社，1963 年：33 页；勝俣隆:《異
　　境訪問譚・来訪譚の研究》[M]，和泉書院，2009 年：289 – 291 页。

五百"可以理解为以圣数"五百"为基数，乘以地之数的"二"，以及乘以天之数的"三"的结果。正因为"伊耶那美命"是地母神，所以说"千頭絞り殺さむ（绞杀千人）"，而"伊耶那岐命"正因为是天父神，所以回答道"千五百の産屋を立てむ（建起千五百间产房）"。如果因为双方话语中的数字的差"五百"就单纯地认为那是人类繁殖增生的神话的话，那么伊耶那美命"说"五百頭絞り殺さむ（绞杀五百人）"，"伊耶那岐命"说"千の産屋を立てむ（建起千间产房）"，不也没什么不可以嘛。作为实际的结果，人类生下来的数量多于死去的数量，因此说这是人口繁殖增生神话，当然也是没有什么错的，但是可以推测在该神话中，使用数字"千"与"千五百"，包含的意味应比单纯表示数量多这种意图更深吧。

第六节　关于在《古事记》中其他部分出现的 "千"与"千五百"的含义

上述"伊耶那岐命"、"伊耶那美命"两神相隔于"千引の石（千引之石）"互相道出断绝夫妻之缘的咒语这一场面，用"参（三）天两（二）地"之观念来理解确实是可能的。那么在该神话以外，能否这样来理解《古事记》神话中出现的其他的"千"和"千五百"呢？下面，让我们来考察一下。

1. 关于"千引の石（千引之石）"

（1）"黄泉国"神话中，"伊耶那岐命"、"伊耶那美命"互道断绝夫妻之缘的咒语时，"千引の石を其の黄泉ひら坂に引き

塞ぎ、其の石を中に置き、各对き立ちて"（"伊耶那岐命"拉来了"千引之石"堵塞住了黄泉国与现世的通路的黄泉国平坦斜坡。巨石隔在中间，两神面对面站立在巨石的两边。）——"千引の石（千引之石）"是由"伊耶那岐命"拖来放置的，"伊耶那岐命"是天父神，应该使用数字"千五百"，这里似乎未能契合"参天"的观念，后文中将就这一点继续讨论。

（2）"建御名方神"来与"建御雷神"会面之际，"千引の石を手末に擎げて来て"（用手指抓举着千引之石而来）——因为"建御名方神"是出雲国（出云国）的神灵，是属于大地的神灵之一，所以这里用数字"千"可以说是契合"两地"的观念的。

2. 关于"千尋繩（千寻绳）"

在"大国主神让国"神话中，有"栲繩の千尋繩打ち莚へ"（伸展开千寻长绳）——这是大地的神灵之一"大国主神"一方的行为，用数字"千"可以说是契合"两地"观念的。

3. 关于"千位の置尸（许许多多的偿罪之物）"

在"驱逐速须佐之男命"神话中，有"速須佐之男命に千位の置尸を負ほせ"（令"速須佐之男命（速须佐之男命）"负担许许多多的偿罪之物）——"千位の置尸"是指"速須佐之男命（速须佐之男命）"理应偿罪用的许许多多的物品，而"速須佐之男命（速须佐之男命）"是从大地来到天上世界的神灵，因此用数字"千"也可以说是契合"两地"的观念的。

在上述和"千"有关的事例中，似乎只有"伊耶那岐命"拖放的"千引の石（千引之石）"未能契合"参天"的概念。但是如果改变一下视点，把其行为解释为了防止"伊耶那美命"从幽冥界返还到现世的话，那么就可以契合"两地"的观念了。而且，即便不这样解释，这里的"千引の石（千引之石）"处在现世和幽冥世界之间，也应理解为与大地具有紧密关联的东西。

4. 关于"千五百の黄泉軍（千五百之黄泉军）"

在"黄泉国"神话中，"伊耶那岐命"见到"伊耶那美命"的形体后，非常恐惧，其逃离黄泉国之时，妻子"伊耶那美命"命令道，"其の八くさの雷の神に、千五百の黄泉軍を副へて追はしめき"（令八雷神带着千五百之黄泉军追赶）。——"千五百の黄泉軍（千五百之黄泉军）"并非是天上界的军队，看似无法与"参天"之观念契合，关于这一点，将在下一节中仔细讨论。

第七节 关于"千五百の黄泉軍（千五百之黄泉军）"的解释

关于"千五百の黄泉軍（千五百之黄泉军）"的含义，在先行研究中是这样说的，"千五百并非是实指的数量，而是表示数量很多的意思"、"黄泉国的大量兵力之意"。

如果说"千五百"是从"参天"的观念而来的，即以"五百"为基数，乘以三倍来解释的话，那么就会产生一个疑问，为何"伊耶那岐命"从黄泉国逃归之时，"伊耶那美命"命令"八雷神带领千五百之黄泉军追赶"，其中的"千五百之黄泉军"并非与天上世界有关，却使用了数字"千五百"呢？

关于这个疑问，笔者是这样考虑的。

从"伊耶那岐命"、"伊耶那美命"互道断绝夫妻之缘的咒语场面，可以看到显的世界与幽的世界的对立。从"伊耶那岐命"是天父神，"伊耶那美命"为地母神的观点来看，如契合"参天两地"观念的话，那么从数量上看，"伊耶那美命"应派出"千人的黄泉军"才是契合"两地"观念的，可是神话中的表现却是"千五百的黄泉军（千五百之黄泉军）"，这并不合于上面的推断。

那么，我们和下面这个神话事例来比较考察一下。在"须佐之男神上天"神话中，"天照大御神"担心弟弟"（须佐之男命）须佐之男神"是来夺取自己的国土的，摆出了战斗的架势，"そびらには、千人の靫を負ひ、ひらには、五百人の靫を附け（在盔甲的后背部负着放入了千枝箭的箭袋，在盔甲的前胸部负着放入了五百枝箭的箭袋）"。"伊耶那美命"为了追拿"伊耶那岐命"派出了"千五百の黄泉軍（千五百之黄泉军）"难道不正和"天照大御神"为了与弟弟"须佐之男神"相争准备的"千矢"加"五百矢"是同样性质的吗？也就是说，从"叁天"的观念来看，被追拿的"伊耶那岐命"是与数字"千五百"关联的神灵，因此才使用了"千五百的黄泉军（千五百之黄泉军）"这一表现。即，用数字来表示的话，"伊耶那岐命"拥有"千五百"的力量，追踪的一方也必须拥有与其相当的力量才行，所以才派出了"千五百の黄泉軍（千五百之黄泉军）"。"天照大御神"与"须佐之男神"的神话事例中，可以这样来考虑。即，从"两地"的观念来看，"（须佐之男命）须佐之男神"是从大地来到天上的神灵，是与数字"千"相关联的，因此"天照大御神"先以"千枝矢"对抗之，而"五百枝矢"作为预备之用。在争议、战斗等的情况下，都应该是估算好对手的力量而做出准备的吧。

再者，"千五百"是在《古事记》上卷（神话集中之卷）中登场的最大数字。由于见不到比"千五百"更大数值的表现，"千五百"并不单纯地表示数量多，而还应含有"尽可能多的"、"极多的"、"全部且极多的"等等的意思吧。那么上述的"千五百の黄泉军（千五百之黄泉军）"这一表现，并非是指实际数目的一千五百人的黄泉军，而应该取"尽可能召集的兵士"或"黄泉国所拥有的全部兵力"之意，不是吗？也就是可以解释为，"伊耶那美命"动员了黄泉国的全部军队去追拿"伊耶那岐命"。在这样的情况下，没有必要硬是把"千五百"看作与天上世界相关联的数字，我们也可以得到合理的解释。

总　结

《古事记》上卷中所见到的数字"千五百"与"千"的用法，笔者认为受到了中国古代文献中的数字观念的影响。在本章中，从中国的"参（三）天两（二）地"的观念出发，发现了在《古事记》中，与天上世界"高天原"有关的事物同数字"三"有关联，而与地上世界"苇（苇）原中国"有关的事物则同数字"二"具有关联。同时论及了通过"三"、"二"与表示数量多的"五百"相乘，从而生成了"千五百"、"千"这两个数字表现的可能性。基本上可以这样推断，"千五百"这一数字表现与天上世界"高天原"有关，"千"这一数字表现与地上世界"苇（苇）原中国"有关。而且从"千五百"是《古事记》上卷（神话集中之卷）中登场的最大数字来推测，或许其还用于表示"全部且数量极多"之意。

终 章

通过本论部分的六章，考察了"伊耶那岐命"、"伊耶那美命"两神为中心的一系列神话中的植物"苇"、"桃"，数字"三"、"八"等等的象征意义。基于上述研究，以下将简述通过论文全体所明了的事情以及此次研究的学术意义。

一、关于通过本次考察，整体上所判明的事情

本论六章考察的是《古事记》起首神话的一部分，天地初始开始到"伊耶那岐命"的禊与祓之前的一系列神话。

本次考察整体上所判明的是，《古事记》起首部分的重要神话是富有象征性的神话部分，通过对植物"苇"、"桃"及数字"三"、"八"等的象征意义的考察，可以说加深了我们对这些神话的理解，更多地了解到各神话间的内在关联。下面让我们举几个具体的事例。

首先，笔者想阐述一下第二章谈到的《古事记》"天地初始"神话里显现的三位神灵同第三章中讲到的在"黄泉国"神话里

"伊耶那岐命"取了在黄泉国平坦斜坡坡底处生长的桃树的三个果实向着追来的鬼怪们迎击投掷出去并使得八种的雷神和黄泉大军逃散而归故事的关系。

两者之间乍一看好像没有什么联系，但是如果从数字"三"的象征意义来看的话，那么我们就能看到其中的共通性。也就是说，数字"三"具有"通过三个事物或者三个阶段，才能够完成一项事业、一个功绩"的含义以及因其是"生成万物之数"所以与"生"关联，由此推测"天之御中主神、高御产巢日神（高御产巢日神）、神产巢日神（神产巢日神）"这三位神灵相当于"三个事物"，而完成"创生万物"这一事业或功绩所不可或缺的是神灵之数必须是三位。另一方面，笔者认为"伊耶那岐命"投出桃实三枚从而击退"八雷神"与"黄泉军"是因为完全降伏鬼怪必须要有桃果三枚。就是说只是使用桃子的果实一个或两个是不能完全降服驱退鬼怪的，能够完全完成降服驱退鬼怪这件事情，无论从数量上或事物发展的阶段上都要求是"三"枚。还有投掷出象征着"生"的"三"枚桃果，使得处在对立面的"死"之世界的"雷神"们（鬼怪们）逃归，这也是因为数字"一"、"二"未能象征"生"之意。

再者，"三"为"天之数"，并象征着"日、月、星"。第二章中论及的生成"造化三神"的场所正是称为"高天原"的天上世界。实际上，这与第六章中的"千"与"千五百"的解释也是有关联的。因为"千"与"千五百"是和中国"参天两地"的观念契合在一起的。《古事记》中所见到的"千五百"基本上都是在与"高天原"、"天神"有关的事件中登场的。笔者已经指出"千五百"是表示数量多的圣数"五百"乘以天之数"三"而得来的。即，《古事记》起首部分的"造化三神"的"三"与"伊耶那岐命"道出"一日建起千五百间产房"咒语时的数字"千五百"都用到了表示天之数的"三"。

数字"两（二）"在中国为阴数（偶数），与大地相关。不单单是"二"，在《古事记》中的神话里，"四"、"六"、"八"这些阴数（偶数）也显示了与大地的联系。关于这一点，在第四章论及"国土创生"神话时，我们已经了解到表示日本国土的"大八岛国"中的数字"八"确实与大地相关。

再有，在第一章考察的"蛭子"神话中，关于把"蛭子"放入苇（苇）船中放流这一行为，迄今为止先行研究都是这样来看待的。即："把残疾的'蛭子'放置在具有驱除邪气机能的'苇'所制造的船上，意味着用'苇'把有邪气的孩子包围起来，通过放流于水，彻底舍弃这样的孩子。"笔者通过对"苇"的象征意义的考察，认为"苇"具有"驱除邪气的机能"的同时，还具有"创造、繁殖、丰饶"等象征意义。从这两方面的含义来考虑，除了上述的先行研究的观点，这一放流行为还表达了"父母让孩子'蛭子'与生命力的体现者'苇'直接接触，通过船的放流，在另外一个世界里，使得他能作为一个健康的孩子转生的殷切的愿望。"也就是说用苇（苇）船放流这一行为具有二重性质。从这个角度来说象征意义可以存在多方面的视点，如果从多方面的视点来考察的话，能够追寻到新的结论。

接着，我们来说说数字"八"。如果像先行研究的观点一样，把可怕的魔物"八雷神"中的"八"解释为神圣的数字，终究让人感到不太调和。如果抱着象征意义可以存在多方面视点这一想法来看"八"的话，那么根据拙论的考察，可以把"国土创生"

神话中"大八岛"的"八"解释为在神话上含有与"大地"、"国土"有关的"完善"、"完全"之意。而"伊耶那美命"的身体被分割成"八"块这个事情，同时包含了"八创"与"别葬"之意，可以解释为为了不使死者复活而把死者分割得七零八落。在这种场合，使用了数字"八"，可以理解为神话中是为了阻止死去之神"伊耶那美命"的"完全"复活吧。由此我们可以说"大八岛（大八岛）"的"八"同"八雷神"的"八"在表示"完善"、"完全"的意义上有共通性。

通过此次考察，发现以下两点是在先行研究中所未见的。第一，从全体上来看，从《古事记》起首的天地初始开始，"伊耶那岐命、伊耶那美命"两神的诞生、二神的国土创生及神的创生、"伊耶那美命"的死、黄泉国为止的一系列神话中数字的使用具有内在的关联性。第二从内容上看，其极可能继承了中国古代文献中"苇"、"桃"、数字等的象征意义。

二、关于此次研究的学术上的意义

关于此次研究的学术意义可以总结为以下几条。

1. 确认了象征性分析方法在解释《古事记》神话上的有效性。

如考察所示，作为此次研究成果之一，确认了在神话解释的方法上，象征性分析方法是有效的手段。

比如，通过考察"苇"的象征意义，在用苇（苇）船放流残疾的"蛭子"的神话解释上，提出了一个新的见解。在了解了数字"三"的象征意义后，关于为何在日本的"天地初始"神话中"造化三神"必须是三位的解释上，对先行研究的观点进行了一定程度的补充。通过"桃"与"三"的象征意义的考察分析，更为深入地阐明了"黄泉国"神话中"伊耶那岐命"投掷桃果三枚这一行为的含义。在先行研究中，仅仅说"桃实具有被除邪恶之物的力量这一思想是由中国传来日本的"这一观点显然是不够充分的。通过象征意义的分析，解明了"为何桃实拥有这样的力量？为何投掷的是桃子的果实而非桃花、桃枝？为何投掷的非得是桃果三枚？"等问题。

还有，迄今为止大家认为，在表示国土、大地之时，中国使用"九"而日本使用"八"，那是中日两国对大地的看法不同所造成的。然而，通过考察中国古代文献中数字"八"的含义，指出了古代中国在表现地之尽头时也与数字"八"有关联，发现了在关于大地的观念上，中日具有共通性。

另外，通过"二"与"三"的象征意义，指出了《古事记》中的数字"五百"、"千"、"千五百"在表示"数量多"的意思之外还包含着更多的意义。

2. 确认了在中日神话比较研究中，日本方面对中国古代思想的接纳水准。

迄今，在中日比较文学、比较神话研究中，以词语的借用、表现的类似、就是说多数是以研究日本文献中所见的语句的出典是从中国的哪一本文献而来为中心的。出典的研究当然是极其重要的研究，但是仅仅指明了言语表现的借用等，并不能充分地解释神话这样类型的作品。不如说解明从中国借用的语句所具有的象征意义、思想性在多少程度上准确地吸收并应用于日本神话更为重要。通过此次在本论中对数字象征意义的考察，判明了中国古代文献中的数字所含有的象征意义在日本神话中被准确地继承下来，成为该神话内容上的重要要素。比如，上述的"伊耶那岐命"投掷桃实三枚中的数字"三"具有"通过三件事物或三个阶段才能完成一个事业、一个功绩"的象征意义。在《古事记》的神话中保持了中国古代文献里所见的数字"三"的象征意义，并活用了它。

换句话说，古代日本人在记述《古事记》的神话之际，正确地理解、使用了古代中国人对于数字的象征观念。明白了以下这一点也可以说是拙作的一个成果。即我们了解到古代日本人充分领会并活用当时先进国中国的高级观念，显示了古代日本人对中国文献的利用超越了模仿的阶段，达到了相当高的水准。

3. 发现了至今未被指出的日本神话受到中国古代思想的影响之处。

因为在上文中已经陈述过了，在这里不再详述，但值得提一句的是以下两点。关于用桃实三枚驱走鬼怪们的神话中，为何必须投以三枚，笔者指出了其与中国的数字"三"的象征意义的关联。另外，指出了在日本神话中出现的数字"五百"、"千"、"千五百"同中国的"参天两地"观念的关联。

4. 在《古事记》神话的解释方面运用了新的视点，对目前难解的神话或在神话解释的疑点上，给出了较为合理的说明。

比如，迄今先行研究中都把在魔物的"雷神"身上使用的数字"八"解释为圣数，这多少显得有点不调和。在第五章中通过对"八雷神"的考察，笔者认为如果从"八"所具有的"完全"这一象征意义出发，把"伊耶那美命"身上生有"八雷神"解释为为了完全的镇住其死体，使得其无法再复生，"伊耶那美命"的身体被分割成八块的话，是否会更为合理呢？

5. 或许可以把此次的研究成果应用在尚未细致考察的其他《古事记》神话的分析上。

本文的成果如前所述，查明了以《古事记》"伊耶那岐命"、"伊耶那美命"两神为中心的一系列神话中的数字"三"与"八"的象征意义。其中笔者觉得两者相较更有意义的是对"三"的象征意义的考察吧。因为笔者认为"三"的象征意义还可以适用于分析此次尚未考察的《古事记》中的其他神话。

比如，关于"蛭子"神话，此次是通过对"苇"的象征意义的考察分析来解释其神话内容的。作为此次研究考察成果的应用，笔者认为通过数字的象征意义这一方面来考察分析此神话也未尝不可。下面先引用一下其神话记载。

《古事记》中有，"「伊耶那岐命の詔ひしく、「然らば、吾と汝と、是の天の御柱を行き廻り逢ひて、みとのまぐはひを為む」とのりたまひき。如此期りて、乃ち詔ひしく、「汝は、右より廻り逢へ。我は、左より廻り逢はむ」とのりたまひき。約り竟りて廻りし時に、伊耶那美命の先づ言はく、「あなにやし、えをとこを」といひ、後に伊耶那岐命の言ひしく、「あなにやし、えをとめを」といひき。各言ひ竟りし後に、其の妹に告らして曰ひしく、「女人の先づ言ひつるは、良くあらず」といひき。然れども、くみどに興して生みし子は、水蛭子。此の子は、葦船に入れて流し去りき。次に、淡島を生みき。是も亦、子の例には入れず。是に、二柱の神の議りて云はく、「今吾が生める子、良くあらず。猶天つ神の御所に白すべし」といひ

て、即ち共に参ゐ上り、天つ神の命を請ひき。爾くして、天つ
神の命以て、ふとまにに卜相ひて詔ひしく、「女の先づ言ひし
に因りて、良くあらず。亦、還り降りて改め言へ」とのりたま
ひき。故爾くして、返り降りて、更に其の天の御柱を往き廻る
こと、先の如し。是に、伊耶那岐命の先づ言はく、「あなにや
し、えをとめを」といひ、後に妹伊耶那美命の言ひしく、「あ
なにやし、えをとこを」といひき。如此言ひ竟りて御合して、
生みし子は、淡道之穂之狭別島。次に……」①("伊耶那岐命"
说道:"如果那样的话,我与你围绕天之御柱反向而走,相遇后
在寝居行婚媾之事吧。"约定之后又说,"你自右而行,我自左而
行。"随后两神绕柱而行,相遇后"伊耶那美命"首先发话道:
"啊,多么可爱的少年呀。"随后"伊耶那岐命"说道:"啊,多
么可爱的少女呀。"对话之后,"伊耶那岐命"对"伊耶那美命"
说"女子先发话是不好的。"虽然这样说了但还是行了婚媾之事。
首先生下的孩子是"水蛭子"。这个孩子被放入了苇船中放流了。
然后又生下了"淡岛(淡岛)",此孩也未被计入两神所生的孩子
之数中。于是两神商量:"现今我俩所生的孩子都不佳,还是上
到天神之处告知这情况吧。"两神立即上到"高天原"去求得天
神的指示。天神以"上溝樱(上沟樱)"之木灼烧鹿肩骨来占卜,
然后说道:"女子先发言不好。回去后重新对话再举行一次仪
式。"于是两神回来后如前次一般绕柱而行举行了仪式。此次
"伊耶那岐命"首先发话道:"啊,多么可爱的少女呀。"随后
"伊耶那美命"说道:"啊,多么可爱的少年呀。"对话之后再次

---

① 山口佳紀、神野志隆光校注、译:《古事记》新编日本古典文学全集 1 [M],小
学館,1997 年:33 -35 页。

行婚媾之事生下了"淡道之穗之狭别岛（淡道之穗之狭别岛）"，
之后是……）

根据上文，"伊耶那岐命"、"伊耶那美命"两神举行第一次
结婚仪式之时，由于首先是女性一方发话，在第一阶段生下了
"蛭子"，因是残疾的孩子而被放流了。在二度产子的第二个阶段
中，生下了"淡岛（淡岛）"，因为其如同"泡"一般无所凭靠，
也未被认可为两神之子。求得天神的指示后，两神再次围绕"天
之御柱"举行仪式，终于在第三阶段完全成功的生产了称之为
"大八岛国（大八岛国）"的国土。据上面引用的神话可知，到了
第三阶段，"伊耶那岐命"、"伊耶那美命"两神的国土生成伟业
才能完全的成功。那么这里同"造化三神"、"桃实三枚"中的
"三"一样，可以通过"三"具有的"完成事物"的象征意义来
解释说明。为何神话中表现的"蛭子"、"（淡岛）淡岛"必须是
一种不完备的样态呢？那是因为如同"三神"、"三枚"、"三回"
一般，要最终完成一件事物，则必须通过三个事物或三个阶段才
能完备，即才能达成数字"三"的象征意义。为了在第三阶段实
现事物的完成、完备，那么在第一、第二阶段表现出事物的不完
备样态则是必要的。

此次，数字"三"的象征意义的明了，可以期待今后在解明
日本神话方面发挥更大的作用。

本次拙作中，在考察了中国古代文献中的植物"苇"、"桃"，
以及数字"三"和"八"为主体的象征意义与机能的基础上，讨
论了以"伊耶那岐命"、"伊耶那美命"两神为中心的几个神话。
在《古事记》中的其他部分也常常能见到数字以及数字相关的构
造，可以考察也应该考察的地方还有很多。今后笔者希望以漫溢

着神话性、文学性的《古事记》为中心，继续研究日本神话、民俗中出现的数字及其相关构造的意义。另外，此次对连清吉先生指导的关于中国思想、神话方面的考察还不能说十分充分，今后将不断加深这些方面的研究。如果将来有能力的话，正如户田清先生建议的，把西洋或同处于儒教文化圈的韩国、朝鲜、越南等地域或国家的数字象征意义也纳入研究范围。

后 记

　　从小，本人就被神话民俗所吸引，渐渐长大，对中国古代思想、对中国人心之原象的兴趣也日益增加。进大学时，遵从父母意愿学了理工科，但是对中国古典的热爱却未减少。但是，真正想要考察和研究中国古代文献并非易事。因所学的专业是经济学，而不是中国古典文学，所以在相关专业知识的获取上，颇费了一些周折。大学时，找了一些图书馆，但是关于中国古代的文献，出版的书籍并不多，有助于研究的参考书也比较少。对我这个门外汉来说，想做研究真是困难重重呀。有次偶然从大学的老师那里听到日本对中国古代文献的研究有相当的水准，相关的书籍出版得也较多，现在回想起来，是否那个时候就在心中种下了想要去日本求学的种子呢？大学毕业第七年，在综合考虑了很多因素之后，终于下定决心辞掉稳定的工作，遵循自己的心意去了日本求学。和胜侯隆先生的相遇，让本人得以开始一直感兴趣的神话民俗方面的研究。这一切皆是缘分吧。

　　2005 年 3 月末，第一次踏上日本的土地，今日屈指而算的话，刚好用上了十个手指头。在研修生以及研究生在学期间，以胜侯隆先生为首，受到了长崎大学国语专业的山本建雄、铃木庆子、中岛贵奈、川口敦子、平濑正贤几位先生，以及当时来教授科目的佐贺大学的浦田义和先生及广岛大学的位藤邦夫先生等各位先生的谆谆教诲，如今回想起来，当时的情景仍历历在目。在此由衷感谢诸位老师的教导。

在攻读博士期间，作为本人的主、副指导教师的佐久间正、连清吉两位先生在关于做学问的态度和研究方法，以及其它很多方面，给予了本人许多的指导，此恩难忘。

在论文写作期间，恩师胜俣隆先生一直不断地支持和鼓励我，从始至终耐心细致地指导和鞭策。胜俣隆先生给予本人指导的这些时间，对我而言，是无可替换的宝物。难以言表对先生的感谢之意。虽然在中国有一句话叫"大恩不言谢"，但在此还是要衷心地感谢恩师，此恩情将终生铭记。

值此，对作为介绍教授并担任本人博士论文主审的环境学部的户田清先生，从心底表示感谢。正是在户田先生的帮助下，使得审查得以顺利进行。另外，也十分感谢主查、副查几位先生的周到安排。